Monika Fuchs

DEN FADEN HALTEN

Mein stürmisches Leben

Rowohlt

Für meinen Bruder Seppi

Weil ich zu viele Fragen nicht stellen durfte
zu viele Antworten nie bekam

Originalausgabe
Veröffentlicht im Rowohlt Verlag, Hamburg,
November 2023
Copyright © 2023 by Rowohlt Verlag GmbH, Hamburg
Satz aus der Utopia
bei CPI books GmbH, Leck
Druck und Bindung GGP Media GmbH, Pößneck
ISBN 978-3-498-00154-4

INHALT

DIE ENTZAUBERUNG
DER KINDHEIT

Die altrosa seidene Steppdecke auf dem elterlichen Doppelbett war für uns drei Kinder ein Ort der verlässlichen Sicherheit. Normalerweise schliefen wir bei Fliegeralarm im Keller. Die Regale, auf denen früher Weckgläser mit eingemachtem Obst und Gemüse gestanden hatten, waren längst leer. Sie waren zu Betten umgebaut worden. Drei Kinder, drei Erwachsene. Morgens im Keller aufzuwachen, war Normalität und verunsicherte uns nicht. Wir kannten es nicht anders. Dann kam die Nacht, in der wir es aus irgendeinem Grund nicht mehr in den Keller schafften. Unsere Mutter und wir Kinder drängten uns unter der Steppdecke eng zusammen, und schon passierte es. Zwei Häuser weiter schlug die Bombe ein. Unsere Fensterscheiben implodierten mit einem gewaltigen Knall, und das Schlafzimmer war übersät mit Scherben. Sogar die große Terrassentür war ohne Glas. Wir Kinder hatten keine Angst. Wir umklammerten zwar weiterhin die Beine und Füße unserer Mutter – wir durften immer nur am Bettende unter die Decke kriechen –, aber wir hatten keine Panik. Der leicht honigartige Geruch und die wohlig dumpfe Bettwärme hatten bislang jeden schlimmen Traum verlässlich aufgelöst. So auch diesen Schrecken. Hier, unter der altrosa Steppdecke, konnte uns nichts passieren. Hier herrschte die totale Sicherheit. Die absolute Geborgenheit.

Die zwei Pflichtjahrmädchen, Lisa und Maria, befreiten das Zimmer von Scherben. Wir kicherten sogar etwas boshaft, aber heimlich. Es hatte das Haus unseres Erzfeindes getroffen. Das Haus des Junggesellen, der mit seiner Mutter zusammenlebte und Kinder abgrundtief hasste. Insbesondere uns!

Auch weiterhin wurde jede Sorge, die schlechte Note in der Schule, der erste Liebeskummer, der Verrat der Freundin am Fußende des Bettes unter der Steppdecke ausgelebt. Von oben kam murmelnd und etwas gedämpft die Stimme unserer Mutter, die uns zur jeweiligen Situation passende Ratschläge gab. Dazu aß sie Pralinen, die «Praletten» hießen, und las ungehindert weiter in ihrem Buch. Wenn sie uns dann eine Praline «nach unten» reichte, war das ein Signal, dass es nun genug war, und wir mussten in unsere Betten umziehen. Kinder und Jugendliche gehörten während der Nacht in ihre eigenen Schlafstätten, ein eisernes Gesetz. Und eiserne Gesetze wurden knallhart eingehalten. Dort konnten wir dann heimlich weiterheulen.

Jahre später, ich war dreiundzwanzig, Mutter eines Sohnes und in Amerika verheiratet, lag ich wieder am Fußende des elterlichen Betts unter der Steppdecke. Im Nebenzimmer saß mein Mann ruhig am Tisch und las seine Zeitung. Wir waren, wie jedes Jahr, einige Wochen auf Heimaturlaub. Morgen sollte es mit der *Hanseatic* zurückgehen. Mein Mann hatte mir gerade, fast nebenbei, mitgeteilt, dass seine Mutter bei uns einziehen und mit uns leben würde.

Seine Mutter war für mich unerträglich – und ich für sie. Sie vergab mir nie, dass ich ihr den einzigen Sohn gestohlen hatte, und ließ mich das immer wieder durch kleine, perfide Schikanen spüren. Raffiniert genug, dass mein Mann nichts davon bemerkte. Hass trat zum ersten Mal in mein Leben, großer Hass; eine mir bis dahin unbekannte Empfindung. Ich hatte in diesem Heimaturlaub mit großer Sorge eine Wesensveränderung bei meinem sonst so sanftmütigen und klugen Mann bemerkt. Er, der ruhige, friedfertige Mensch, neigte plötzlich zu explosionsartigen Wutausbrüchen. Ohne Vorwarnung. Sie machten mir große Angst, da unerklärlich und bar jeglicher Logik. Mit meinen Eltern redete ich nicht darüber. Aus irgendeinem Grund war es mir peinlich, und ich wollte ihn nicht bloßstellen. Im Restaurant konnte er aus nichtigem Grund einen ganzen Tisch umschmeißen. Die Sportkarre unseres Sohnes Martin zerschellte am Waggon der Deutschen Bundesbahn – weil der Zugführer adelig war. Ein deutscher Adeliger hatte eine solche Arbeit nicht zu verrichten. Fremde Menschen wurden auf der Straße ohne Anlass als Nazis beschimpft. Zeitungsausträger oder Postboten wurden mit drohenden Fäusten in die Flucht geschlagen. Was passierte mit meinem Mann? Und nun die unangebrachte, lakonisch vorgebrachte Erklärung: «Ich bestimme hier. Meine Mutter zieht zu uns. Sonst nehme ich unseren Sohn und reise ohne dich ab.»

Verzweifelt gestand ich meiner Mutter das Ausmaß des Dilemmas und meine Befürchtungen – also das, was ich bislang verschwiegen hatte. Leise weinte ich dabei, denn mein Mann saß im Nebenzimmer, nur eine Wand entfernt, aber aus dem Innersten meiner Seele bat ich um Hilfe.

Ich flehte, ich bettelte um Unterstützung. Krallte mich an der Steppdecke fest. Umklammerte wie früher ihre Füße. «Bitte, darf ich hier bei euch bleiben?» «Eine Frau gehört zu ihrem Mann.»

Nach ihrem Tod las ich in ihrem Tagebuch: «Ich hoffe, Monika lernt bei diesem schwierigen Mann Geduld. Sie hat es nötig.»

Für mich war es das abrupte schmerzliche Ende der Eltern-Kind-Verbundenheit. Ein kurzer, harter Schnitt, und ich wusste: In Zukunft kann ich mir nur selber helfen.

Die nächsten vier Jahre verbrachte ich damit, meinen Mann, meine Schwiegermutter, meinen kleinen Sohn und mich zu ernähren. Kaum in Amerika angekommen, verschenkte mein Mann seine Firma, sein Geld, seinen geliebten Mercedes, seine Patente. Alles. Kurz teilte er mir mit, ich als Deutsche müsse ab jetzt das büßen, was im Krieg passiert sei. Im Klartext: Er verdonnerte mich dazu, alleinige Versorgerin der ganzen Familie zu sein. Es handele sich um eine Kollektivstrafe für alles, was die Nazis der Welt angetan hätten. Und ich akzeptierte. Warum? Ich liebte meinen Mann. Trotz allem. Hinzu kam, dass mein penetranter Optimismus, von dem ich bis dahin nichts geahnt hatte, das erste Mal zum Tragen kam. Diese schlimme Zeit würde vorbeigehen, und dann wäre alles wieder so schön wie früher. Und sowieso: «Gelobt sei, was hart macht». Unser Familienmotto in Deutschland.

Als ich verdächtig schnell eine Vertretung bei Avon bekam, einer Kosmetikfirma, die ihre Waren an den Haustüren verkaufte, sah ich meinen Erfolg schon in schillerndsten Farben vor mir. Ich, als ehemaliges Mannequin, verstand viel von Kosmetik. Als mir mein Betätigungsfeld in Pittsburgh zugewiesen wurde, war ich ernüchtert; meine Gegend, in der nur ich exklusiv verkaufen durfte, war der tiefste, elendeste Slum mit ausschließlich schwarzer Bevölkerung. Fuhr ich mit meinem VW Käfer durch diese heruntergekommene Gegend, verriegelte ich vorsichtshalber die Türen von innen. Wir Avon-Beraterinnen, so hießen wir nach einer kurzen Schulung in einem eleganten Seminarraum in der Innenstadt, trugen klassische, dunkelblaue Kostüme, blaue halbhohe Stöckelschuhe und ein elegantes, schweres Lederköfferchen mit Proben. Meine erste Investition aus eigener Tasche. Die zweite war die Erstausstattung des Köfferchens. Zu diesem Zeitpunkt hätte ich, wäre ich schlau gewesen, nicht weitermachen sollen. Pittsburgh hatte zu jenem Zeitpunkt die höchste Arbeitslosenquote in den USA und litt große Not. Die Stahlindustrie, die den Reichtum der Stadt ausgemacht hatte, war aus Angst vor eventuellen atomaren Angriffen über das ganze Land verteilt worden. Zurück blieben Not, Hoffnungslosigkeit, Wut, Hass und Neid. Niemand hätte einer jungen Deutschen ohne Ausbildung einen guten Job gegeben. Ich hatte an der Werkkunstschule in Hannover Textil-Design studiert. Also nahm ich das Angebot von Avon an, getragen von großer Hoffnung, nicht von Hoffnungslosigkeit.

Die ersten Erfahrungen in «meinem Gebiet» machte ich bei Dauerregen. Als die Männer, die arbeitslos und frustriert zu Hause herumhingen, ihre Hunde auf mich hetzten oder mich mit einem Knüppel verfolgten, rannte ich gefühlt tagelang durch tiefe Pfützen. Aber ich war jung, immer noch voller Illusionen, sehr verbissen ... und selbst in Not. Ich hatte aber bei meinen Sprints in den verdammten dunkelblauen Pumps etwas Elementares beobachtet: die Augen von Frauen, die sehnsuchtsvoll auf meinen Koffer gerichtet waren. Ich musste die Frauen also alleine, ohne ihre Männer, erreichen. Ich schaffte es, denn ich hatte mir selber ein Versprechen gegeben: Wenn ich schon einen so erniedrigenden Job machen musste, dann wollte ich die beste Avon-Beraterin Pittsburghs werden.

Ich wurde Zweitbeste eines Jahrgangs. Die kleine Brillantbrosche, die ich als Auszeichnung erhielt, hüte ich noch heute wie einen großen Schatz.

Mein wirklicher Schatz aber wurde die üppig geteilte Freundschaft und die ehrliche Anteilnahme der Slumbewohner, die sich im Laufe der Jahre entwickelte. Als sie herausfanden, dass es mir nicht besser erging als ihnen, zweigten sie immer wieder kleine Summen von dem wenigen, was sie hatten, für Käufe bei mir ab. Sogar die Männer. Ich dankte ihnen mit Unmengen von Proben, die wir Avon-Beraterinnen bei gewissen Verkäufen kostenlos vom Mutterhaus bekamen, wurde bekocht und lernte den guten Geschmack von frittierten Därmen kennen. Letztere bekam ich übrigens Jahre später in Argentinien als Delikatesse vorgesetzt. Sehr schnell erkannte ich allerdings, dass mein Einkommen allein für vier Personen nicht ausreichte. Also nahm ich das Angebot, zusätzlich Hostess in einer Autobahnraststätte zu werden, überglücklich an. Bald merkte ich, dass die Bedienungen jeden Abend mit «dickem Bauch» nach Hause gingen – nur ich nicht. Der dicke Bauch waren ihre unter der kleinen Schürze getragenen Trinkgeldtaschen. Der italienische Restaurantleiter meinte jedoch, ich sei viel zu empfindlich für einen so harten Job. Er brauche mich außerdem vorne an der Rezeption, schon wegen meiner Sprachkenntnisse. Eine herzzerreißende Geschichte, frei erfunden, überzeugte den engagierten Familienvater von meiner familiären Not, und ich wurde Bedienung. Und zwar nicht ungern und immer mit richtig dickem Bauch.

Meine Familie in Deutschland wusste von all dem nichts; ich hatte meine Lektion gelernt. Nicht Worte entscheiden, sondern Handeln hilft, und der Mut zum Entschluss!

Ich verdiente mit den beiden Jobs bald genug, um alle zu ernähren, und konnte sogar meinen kleinen braunen VW Käfer, ein Cabrio und mein Hochzeitsgeschenk, halten. Aber mein Zuhause wurde zu einem Käfig, in den ich jeden Abend schlüpfen musste. Besser gesagt: in den ich abendlich eingeschlossen wurde. Abfahrt, Ankunft, Trinkgeld, alles wurde akribisch notiert. Freizeit oder Freunde gab es nicht.

Das «Krankheitsbild» meines Mannes verdichtete sich. Nur ich nannte es heimlich Krankheitsbild. Es gab keinen Arzt. Keine Diagnose. Niemanden, dem er als krank auffiel, da er das Haus kaum noch verließ. Heimlich begann ich, eine Strichliste zu führen. Guter Tag, schlechter Tag. Recht schnell wurde es zu: Guter Morgen, schlechter Nachmittag. Seine Mutter schwieg stoisch zu allem. Aber ihre von meinem Mann weiterhin unbemerkten Schikanen nahmen zu. Sie erreichten bald ein Niveau, das mir die Schamröte ins Gesicht trieb. Es ging um mein Intimleben. Ich war in jenen Jahren noch sehr zurückhaltend, fast schüchtern, und außerdem zu durchgehender Höflichkeit erzogen worden. Hinzu kam, dass ich in meiner Kindheit und Jugend keine gesunde Streitkultur gelernt hatte. Streiten war primitiv und gehörte zu einer anderen Klasse Mensch. Pack schlägt sich, Pack verträgt sich. Außerdem hatte meine Mutter immer recht, wozu sollte man sich also streiten? Wenn wir Geschwister es trotzdem taten, wurden wir mit den Köpfen zusammengestoßen. Das war es dann. Keine Widerworte!

Der Badezimmerschlüssel verschwand auf wundersame Weise. Und durfte nicht ersetzt werden. Meine Schwiegermutter müsse als ältere Dame ja vielleicht schnell mal ungehindert diesen Ort aufsuchen können. Das sei doch eine simple Geste der Rücksichtnahme. Und genau das fand pünktlich statt, wenn ich im Bad war. Meist unbekleidet. Jeden Morgen machte sie eine Bettlakenkontrolle, auf der Suche nach Spuren der Nacht. Oder sie stand wie ein Geist mitten in der Nacht vor unserem Bett. Mein Mann merkte nichts, er lebte in seiner eigenen Welt. Er führte seine Mum liebevoll zurück in ihr Zimmer, und der Vorfall blieb unkommentiert. Sie jedoch räumte meine Unterwäsche aus dem Schrank und ließ die Binden auf dem Boden liegen. Sie legte auch ihr Gebiss in das Kinderbettchen von Martin, nur um dann laut klagend danach zu suchen. Sie schnitt sich ihren grauslichen Damenbart mit einer scharfen Schere ab. Die grauen Haare blieben im Waschbecken liegen, und ich musste sie wegputzen.

Es war zur festen Regel geworden, dass mein Mann oder ich - zum Schluss jedoch nur noch ich - mit ihr bis zum Ende der Sendezeit vor dem Fernseher sitzen und todmüde alberne Quizsendungen übersetzen mussten. Sie lebte bereits über vierzig Jahre in einem Land, dessen Sprache sie nicht beherrschte.

Es kam der Tag, an dem ich mich auf dem Höhepunkt meiner Verzweiflung befand. Keine Freundin, niemand, dem ich mein Leid hätte klagen können, keiner, der mir einen Rat hätte geben können. Ich ging zur Nachbarin, einer Pastorenfrau. Sie schenkte mir ein gefrorenes Huhn und lud mich herzlich zum sonntäglichen Gottesdienst ihres Mannes ein. Sie konnte mir nicht helfen, sie verstand auch gar nicht, wovon ich redete. Aber sie umarmte mich. Und das tat unendlich gut. Ich weiß bis heute noch ihren Namen: Mrs Page. Ich wurde jedoch bei meinem Besuch beobachtet, und meine Überwachung verschärfte sich.

Dann folgte, was ich als meine «Sternstunde» bezeichne. In einer Nacht, die ich zitternd auf dem kalten Küchenfußboden sitzend verbracht hatte, beschloss ich, das alles nicht mehr hinzunehmen. In mir hatte sich ein Knäuel aus unterdrückter Wut gebildet, so rot glühend wie Kohlen auf einem Grill. Ich lebte mit einer Mischung aus anerzogener Selbstdisziplin, die mich unendliche Kraft kostete, und dem sehnlichen Wunsch, wieder geliebt zu werden. So, wie es einmal gewesen war. Doch plötzlich beschloss ich: Nie mehr würde ich es zulassen, Opfer zu sein. Ich musste und wollte lernen, mich zu wehren.

Mum, meine Schwiegermutter, hatte mich beim Abendessen sechsmal zurück in die Küche geschickt. Die Suppe war zu kalt, dann war sie zu heiß. «Willst du mich umbringen? Mach sie kälter!» Mein Mann war ausnahmsweise nicht zu Hause gewesen; sonst hätte ich nicht den Mut gehabt, denn über Mums Stimmung regelte sich unser Tagesablauf. Ihr Wohlbefinden war unsere Maxime. Als mein kleiner Sohn sie einmal wegen der piksenden Bartstoppeln morgens nicht küssen wollte, stieß sie ihn kurzerhand eine steile Treppe mit Messingkanten hinunter. Mein Mann nannte es einen kleinen Unfall. Bedauerlich zwar, weil es Blessuren gab, aber nicht dramatisch. An jenem Tag beschloss ich, meine nächtliche Erkenntnis in der Küche in die Tat umzusetzen.

Meine Schwiegermutter fuhr mit dem Taxi ins Krankenhaus. Ohne Begleitung. Sie hatte Verbrühungen auf der Brust. Ich hatte die Schüssel voll kochend heißer Suppe aus circa dreißig Zentimetern Höhe auf den Tisch krachen lassen. Ihrem Sohn erzählte sie von einer Ungeschicklichkeit – ihrerseits.

Das Leben ging weiter wie bisher. Und doch, kleine Veränderungen schlichen sich ein. Leise und unbemerkt. Auf dem Parkplatz eines Supermarkts lernte ich ein deutsches Ehepaar kennen. Er war Rechtsanwalt, was für mich später eine große Bedeutung hatte.

Und auf der Straße vor unserer Haustür traf ich eine junge Frau. Ihre Kinder waren im Alter von Martin. Sie kam aus Duisburg und war mit einem Amerikaner verheiratet. Ganz unvoreingenommen klingelte sie einige Tage später an unserer Haustür und stürmte die Treppe hinauf zu unserer Wohnung. Sie wolle mich und unseren Sohn zu einem Spaziergang einladen und uns ihr Zuhause zeigen. Mein Mann und meine Schwiegermutter wurden einfach überrumpelt, und ehe sie verneinen konnten, waren wir schon aus dem Haus. Sie wurde die lang ersehnte Freundin, die ich brauchte. Ich erzählte ihr von meinem Problem – und hatte von diesem Tag an eine Beschützerin, die forsch und unangemeldet in unsere bizarre Familienkonstellation eindrang, ohne dabei ihr Wissen über die Situation preiszugeben.

Das Rechtsanwaltspaar hatte ein behindertes Kind, die Eltern waren aus diesem Grund quasi ans Haus gefesselt. Das Mädchen hatte beim ersten zufälligen Treffen Vertrauen zu mir gefasst und wollte mich bei der Verabschiedung nicht gehen lassen. Sie schrie wie am Spieß – und ihre Eltern fragten mich, ob ich nicht gegen Bezahlung ab und zu babysitten würde, damit sie endlich einmal ausgehen konnten. Bei dem Argument «gegen Bezahlung» stimmte mein Mann zu, begleitete mich jedoch die ersten Male. Das Ehepaar empfand das als rührende Geste. Ich weniger. Es war eine weitere Kontrolle meiner Wege. Eines Tages schilderte ich dem Rechtsanwalt mein Dilemma, vor allem, dass mein Mann sowohl meinen Pass als auch meinen Führerschein einkassiert hatte; unser kleiner Sohn war in meinem Pass eingetragen.

Der Anwalt riet mir, Geld abzuzweigen. Für mich. Falls ich mal gezwungen sein sollte zu gehen. Mein italienischer Restaurantleiter, der mich inzwischen als Servicekraft sehr schätzte, gab mir drei weitere Tische. Dieses Geld, das zusätzlich erarbeitete Trinkgeld, hinterlegte ich an den Abenden, an denen ich Dienst hatte, in einer kleinen Plastiktüte unter einem Busch im Vorgarten des Rechtsanwalts, und er deponierte es für mich auf einem Konto.

Es dauerte über ein Jahr, bis ich die achthundert Dollar für zwei Flugtickets nach Deutschland für Martin und mich zusammengespart hatte. Und eines Tages war es so weit. Meine Flucht in die Freiheit rückte in realistische Nähe. Aber ich bewegte mich nicht vom Fleck, saß geduldig in meiner Falle wie ein geblendetes Kaninchen. Inzwischen musste ich auf dem Fußboden schlafen. Anfangs noch mit Kissen und Federbett, bald schon ohne beides. Unter dem Bett hatte ich eine Decke versteckt, die ich mir heimlich, wenn er schlief, herauszog, denn mein Mann lag mit unserem Sohn im Ehebett. Seine Mutter tauchte nachts nicht mehr auf. Sie ließ mich in Ruhe, war inzwischen nicht für mich, aber auch nicht mehr gegen mich. Hin und wieder fragte sie ihren Sohn: «Warum machst du das mit ihr?» Er antwortete: «Du verstehst nichts davon.» Und sie schwieg.

Heute glaube ich, dass sie ebenso viel Angst vor seinen Aktionen hatte wie ich. Sie blieb nun immer länger in ihrem Schlafzimmer.

Im Wohnzimmer hatte mein Mann eine Ecke abgegrenzt, dort standen das Laufgitter von Martin und mein Webstuhl. Dorthin musste ich mich setzen, wenn ich todmüde von der Arbeit nach Hause kam, meist von meinem Zweitjob. Und dann begann sein «Politikunterricht» – ein Unterricht, den wir, die Anfang des Krieges geborenen Kinder, seiner Meinung nach in Deutschland nicht bekommen hatten. Dazu trank er kannenweise schwarzen Tee, der ihn immer wacher und aufgeregter werden ließ. Oft befand ich mich in halber Ohnmacht. Nicht wegen des Themas, das wiederholte sich ständig, und ich hätte es auswendig aufsagen können, sondern aus purer Erschöpfung.

Dennoch: Ich liebte ihn noch – obwohl meine Liebe sich langsam mit Mitleid vermischte. Ich musste nur ausharren. Er litt an einer Krankheit, sie würde vergehen. So plötzlich, wie sie gekommen war, ohne Vorwarnung, so würde sie wieder verschwinden. Das glaubte ich.

Meine deutsche Freundin kam wieder einmal spontan vorbei – mit einem Kuchenpaket. Meine Schwiegermutter liebte inzwischen ihre Besuche und setzte sich zu meinem Mann und mir. Diese Freundin war gläubige Katholikin, beichtete allerdings nur in der Nachbargemeinde und nahm die Antibabypille, was Katholiken verboten war. Davon erzählte sie nun am Kaffeetisch. Mein Mann regte sich furchtbar auf, griff nach einem Messer, das auf dem Tisch lag, und ging auf meine Freundin los. Es gab ein Gerangel, und wir flohen in Panik aus dem Haus.

Zwei Tage lang blieb ich mit Martin weg, was noch nie vorgekommen war. Und als ich zurückkehrte – passierte nichts. Es wurde auch nicht darüber geredet. Ich arbeitete weiter in meinen beiden Jobs, bekam abends oder nachts politischen Unterricht. Kochte, putzte, kaufte ein. Über allem lag eine gefährliche Ruhe.

Inzwischen waren fast vier Jahre dieses Irrsinns vergangen. Martin war fünf Jahre alt; ein sehr liebes und ruhiges Kind, freundlich allem gegenüber. Weißblond und schmalgliedrig. Er beschäftigte sich genügsam und zufrieden mit sich selber und spielte am liebsten mit kleinen Dingen, die er überall fand. In jeder Ecke. Oder mit meinem Knopfkasten. Oder mit Bändern. Auch mit Papier, das er in winzige Stücke riss. Als er ein Spielzeugauto geschenkt bekam, beschäftigte er sich ausschließlich mit der Verpackung und bastelte sich daraus etwas. Ein Kind mit viel Fantasie. So wuchs er unbeschadet auf. Er kannte ja nur dieses Leben zwischen drei Erwachsenen, und dieses Leben war für ihn gut.

Mein Mann war ein rührend geduldiger Vater. Sehr

liebevoll und mit viel Kreativität beschäftigte er sich mit seinem kleinen Sohn und versorgte ihn zuverlässig. Ich war dem Himmel dankbar, denn sonst hätte ich nicht in Ruhe arbeiten können. Mitten im Wohnzimmer bauten die beiden eine große Wasserlandschaft mit kleinen Schildkröten. Unser Sohn durfte zwar nicht in den Kindergarten oder auf Spielplätze, wo er Kontakt zu Gleichaltrigen bekommen hätte. Nur die zwei Kinder meiner neuen Freundin sah er ab und zu, das sollte aus der Perspektive meines Mannes reichen. Um seine Großmutter machte er diplomatisch, aber freundlich einen Bogen. Da sie kein großes Interesse an ihm zeigte, war das in Ordnung.

Der ganze Zorn, die Wutausbrüche, das sadistische Handeln meines Mannes richteten sich ausschließlich gegen mich – wobei ich nach und nach zu der Erkenntnis kam, dass er vielleicht gar nicht mich als Person meinte. Er meinte ETWAS. Etwas, was ich nicht erkennen konnte. Aber es war da und quälte ihn jeden Tag. Kaum war Martin nicht mehr im Raum, ging das Feuerwerk los. Er monologisierte über Stunden, ohne Pause. Und er zwang mich zuzuhören. Nur einmal, ein einziges Mal in all diesen Jahren hielt er inne und fragte mich mit ganz normaler Stimme: «Warum hältst du das alles aus?» Eine Antwort wartete er nicht ab. Es war, als hätte die Sonne kurz durch einen wolkenverhangenen Himmel geblinzelt. Das gab mir die Kraft, weiter durchzuhalten.

Mein Zusammenbruch kündigte sich nicht an. Ich sank ohne sichtbaren Anlass auf den Küchenfußboden, ergriff ein kleines Schälmesser mit rotem Griff und versuchte, mir die Pulsadern aufzuschneiden. Gottlob war das Messer sehr stumpf. Mein Mann stand plötzlich über mir, lachte schallend und rief: «Jetzt will sie sich auch noch umbringen. Sie ist so lächerlich!»

Von diesem Tag an plante ich unsere Flucht.

Mein Bekannter, der Rechtsanwalt, hatte für mich Ersatzpapiere bei der Deutschen Botschaft beantragt und Flugtickets gebucht. Ein Datum für die Flucht wurde festgelegt. Ich hatte einen kleinen Koffer gepackt, den meine Freundin aus dem Haus schmuggelte. Fast nichts hatte ich eingepackt. Das Kuscheltier meines Sohnes war in greifbarer Nähe, einzig das war wichtig. Doch alles in mir schrie: Ich will nicht weg! Ich kann ihn doch nicht alleinlassen, so krank, wie er ist! Ich kann ihm nicht den Sohn, seinen geliebten Sohn nehmen! Aber die Stimme der Vernunft sagte mir: Du musst dich und das Kind retten. DU MUSST!

Meine Freundin flog mit uns nach New York. Sie befürchtete, dass ich meinen Entschluss zur Flucht noch in den USA revidieren würde. Meiner Familie in Deutschland hatte ich ein kurzes Telegramm geschickt: «Komme nach Hause, für immer.» Dazu Datum und Uhrzeit meiner Ankunft.

Später wurde ich wegen böswilligen Verlassens meines Ehemanns vor einem deutschen Gericht schuldig geschieden. Das Familiengericht, so wurde mir mitgeteilt, werde entscheiden, wohin das Kind gehöre und wer das Sorgerecht bekomme. Auf Unterhalt für das Kind verzichtete ich freiwillig. Fünf Jahre erbitterter Kämpfe vor verschiedenen Gerichten folgten, bis das Schicksal eingriff und meinen Ex-Ehemann, den Vater meines Sohnes, diesen ehemals so sanftmütigen Mann, an ebenjener Gemütskrankheit sterben ließ. Seine Krankheit wurde offiziell von einem Arzt in Amerika diagnostiziert. Später fand ich heraus, dass mein Mann sehr wohl meine Flucht bemerkt hatte. Sogar so schnell, dass er mir noch kurz nach meinem Abflug nach New York folgte. Dort ließ er mich polizeilich wegen Kindesentführung suchen, aber ein kurzer Blackout hatte im Flughafen alles durcheinandergebracht, sodass ich in einen Flieger nach Amsterdam steigen musste – sonst wäre ich über London geflogen – und man mich nicht auf den Passagierlisten fand. In Amsterdam holte mich mein ältester Bruder mit dem Auto ab. Meine Spur verlor sich kurzfristig. Die Frage, woher mein Mann das Geld für einen Flug nach New York so schnell hatte auftreiben können, quälte mich lange. Und von welchem Geld bezahlte er einen bekannten New Yorker Anwalt, von dem ich sofort Post erhielt? Der Verdacht, dass er sein Vermögen gar nicht verschenkt hatte, blieb.

Das alles ist jetzt über fünfzig Jahre her. Aber ich habe einen beständig wiederkehrenden Traum. Sein Gesicht kommt mir ganz nah, er lehnt seine Stirn gegen meine und lächelt mich liebevoll an. Und ich weine, weine, weine, wie man nur im Traum weinen kann. Wo warst du? Ich hätte doch nie wieder geheiratet, wenn ich gewusst hätte, dass du lebst.

Wenig kann auch ganz viel sein.

Das alles ist jetzt Jahre her.

Ich lebte mit Martin bei meiner Mutter. Mein Vater war vier Jahre zuvor gestorben. Außer meiner Schwester waren alle Geschwister aus dem Haus. Wir wohnten nicht mehr in der herrschaftlichen Villa mit Personal, sondern zur

Miete in einer Altbauwohnung. Mein Bruder hatte das Geschäft meines Vaters übernommen. Zwangsläufig – meine Mutter hatte es entschieden. Mein Bruder war Kaufmann, und kein guter. Mein Vater war selbstständiger Ingenieur gewesen, allerdings nicht aus Leidenschaft. Er wäre lieber Automechaniker geworden, aber das war seinen Eltern zu primitiv. So wurde er ein guter Ingenieur, jedoch ohne kaufmännisches Talent. Die Konstellation stimmte hinten und vorne nicht, und das Geschäft lief nicht besonders.

Mein Bruder befand sich nach der Übernahme der Firma in einer Art Rausch, er verhielt sich wie ein Überflieger, kaufte sich mit einem Freund eine Villa und lebte im Luxus. Ich besaß nur den Inhalt meines kleinen Köfferchens, doch ich hatte meinen Sohn bei mir. Wir schliefen zusammen auf einem ausgeklappten Sofa. Die Abmachung war, dass meine Mutter für meinen Sohn sorgen würde, wenn ich eine Arbeit gefunden hatte. Dafür würde ich den gesamten Haushalt erledigen, mich um Essen und Trinken kümmern und Miete zahlen. Meine Mutter bekam von ihrem Sohn eine monatliche Auszahlung, die sie sich sorgfältig einteilen musste. Obwohl ihr Status der einer allein haftenden Gesellschafterin der Firma war, hatte sie nicht wie früher den Überblick über die Geschäfte, was ihr zum Verhängnis wurde. Sie war die einzige Person in unserer Familie, die vernünftig mit Geld umgehen konnte.

Arbeit zu finden, war damals schwer. Ich aber hatte Glück gehabt. Mein einziges Vorstellungsgespräch verlief gut – in unserer Stadt stand die Eröffnung eines internationalen Hotels bevor, und es wurde dringend Personal gesucht. Ohne es zu wissen, kam ich zum richtigen Zeitpunkt an den richtigen Ort. Wie richtig, ahnte ich nicht.

Jahrzehnte wurden davon geprägt – und zwar positiv. Mit einem peinlichen Lackhut auf dem Kopf (meine Mutter bestand wegen der Seriosität darauf), stellte ich mich dem Personalleiter vor. Er bot mir an, entweder die Rezeption oder die Position des Ordertakers im «Room Service» zu übernehmen, wobei ich nicht wusste, welche Pflichten ein Ordertaker im Room Service konkret hatte. Es hörte sich aber verlockend an. Wieder einmal merkte ich sehr schnell: falsche Wahl. Die Rezeption wäre besser gewesen. Zumindest zum Atmen – denn nun war ich in den tiefsten Tiefen dieses Luxushotels gelandet, dort, wo das Wort «Luxus» unbekannt war. Ich saß neun Stunden in einem fensterlosen Kellerraum neben einem platzraubendem Eisenschrank, der nie geöffnet wurde. Wahrscheinlich eine Requisite aus dem Ersten Weltkrieg und bestimmt schusssicher. Und neben einem grau gerauchten älteren Mann. Seine spärlichen Bewegungen beschränkten sich auf das Anzünden einer Gauloises nach der anderen. Mit aufgestützten Ellenbogen saß er da und schwieg wie eine Schildkröte. Ich wartete darauf, dass er Moos ansetze. War er vielleicht eine Requisite aus dem Zweiten Weltkrieg? Es hätte mich nicht gewundert.

Die Arbeit überließ er mir. Wie oft ich aufs Klo rannte, um mich wegen des Zigarettenrauchs zu übergeben, weiß ich nicht. Ein Glückstag war, als er kündigte. Die Arbeit sei ihm zu schwer. Ihm folgte ein junger Mann, motiviert und hotelerfahren. Room Service war allenfalls eine Zwischenstation für ihn. Er hatte noch viel vor. Vor allen Dingen: Karriere machen. Aber auf der steilen Leiter nach oben, raus aus diesem Kellerloch, fand er erst einmal mich viel spannender. Befand ich mich auf irgendeiner Etage des

Hotels, um einem Gast etwas zu bringen, sprang er plötzlich mit feurigem Blick hinter den bodenlangen Stores hervor – soweit ein norddeutscher blonder Kerl feurig gucken kann. «Hier bin ich!» Erst als ich einen großen Topf mit frisch gespitzten Bleistiften nach ihm warf, gab er auf.

Es störte mich immer mehr, dass ich in der Hotelhierarchie, wie mir schien, auf der untersten Stufe festklebte, wieder einmal aus der Not heraus an eine Position gefesselt, in der ich durchgehend freundlich, aber nicht besonders schlau sein musste. Der Personalchef erklärte mir zwar die Wichtigkeit «meiner Stimme», speziell in der Frühschicht, die um sechs Uhr begann. Ich sei für den Gast die erste Ansprechperson des Tages, und damit stieg oder fiel oftmals dessen Stimmung. Ich bekäme zudem viele Kommentare und Komplimente in den Gästebeurteilungen. Gut, dass ich das auch einmal zu hören bekam. Und meine Sprachkenntnisse seien exzellent! Er lobte meinen guten Humor, vor allem in drei Sprachen. Es stimmte. Aus Langeweile hatte ich den sportlichen Ehrgeiz entwickelt, den Gast bei seiner Bestellung mindestens ein Mal zum Lachen zu bringen. Ich bat trotzdem um eine andere Position, denn inzwischen hatte ich mein Interesse am Hotelgewerbe entdeckt. Ich mochte diesen riesigen geschäftigen Bienenstock. Rund um die Uhr griffen die Abläufe wie gut geölte Zahnräder ineinander. Ich war ein winziger Teil dessen, wollte jedoch mehr.

In der neuen Position hielt ich mich nicht länger als genau zwei Tage. Ich sollte nach amerikanischem Muster Empfangsdame des Frühstückraums werden, eines Tag und Nacht geöffneten Coffeeshops. Alle Servicekräfte hatten das Hotelgewerbe gelernt, und ohne mich zu kennen, waren sie sich einig: Sie mochten mich nicht. Es hatte sich herumgesprochen, dass ich einer der Lieblinge des Personalchefs war. Außerdem mochte mich das Küchenpersonal. Service und Köche kämpften aber einen unentschiedenen Kampf gegeneinander, überall in der Hotellerie, seit Generationen. Das hatte bereits Geschichte, und ich war ein mieser Überläufer. Das Mobbing geschah nicht subtil hinter meinem Rücken, sondern unmittelbar und knallhart. Während die Damen sich gelangweilt im Pausenraum die Nägel lackierten, sagten sie mir ins Gesicht: «Du hier? Nie! Nicht bei uns. Dafür werden wir sorgen.» Ich konnte nur die Hände heben und antworten: «Okay, okay, ich geh ja schon!» Mein Heulen auf dem Klo hätte jeden Kojoten erbarmt. Daraufhin riet mir der Personalchef, mich erst einmal krankschreiben zu lassen. Er kannte meine Geschichte und wollte mir helfen.

Die nächste Zeit lag ich mit zittrigen Nerven und Fieber im Bett. Meine Vergangenheit holte mich ein; es handelte sich um einen längst überfälligen Nervenzusammenbruch. Der Bruder einer alten Freundin wurde mein Hausarzt, und er half mir. Nach vier Wochen bekam ich meinen Job im Room Service zurück, diesmal aber als Chefin meiner Schicht. Ein riesiger Fortschritt, besonders bezüglich meiner Garderobe. Ich hatte nur sehr wenig Kleidung aus Amerika mitgenommen, und für neue Einkäufe reichte das Geld noch nicht. Nun trug ich wieder ein dunkelblaues Kostüm, diesmal allerdings mit goldenen Schulterklappen.

Eine neue Phase meines Lebens begann; ich spürte es ganz deutlich. Ich hatte das Gefühl, als sei ich langsam wieder fähig, aus tiefen Gewässern nach oben zu schwimmen. Und zwar dahin, wo ich tief einatmen konnte. Ich war geschieden. Schuldig obendrein. Ich hatte kein eigenes Zuhause. Keinen Ort, den ich «mein» nennen konnte. Keine Freunde. Keinen Mann mehr. Die Depressionen drückten mich nieder – aber die Arbeit, die mir jetzt Spaß machte, und mein kleiner Sohn holten mich wieder aus dem schwarzen Loch heraus. So begann ich zaghaft, freundschaftliche Gefühle den Kollegen gegenüber zuzulassen. Sie machten es mir leicht. Dem internationalen Küchenteam war mein Status, verheiratet oder nicht, geschieden oder nicht, egal. Sie kamen aus Amerika, Italien, England, Frankreich, waren zum Teil schon weit gereist und oft nur für begrenzte Zeit in Deutschland. Ihnen war viel wichtiger, ob ich ein guter Kumpel war, dichthalten konnte und Lust auf Spaß hatte. Ich war ein guter Kumpel, konnte dichthalten und hätte gerne Spaß gehabt. Einfach mal wieder herzhaft über irgendeinen Blödsinn lachen. So fing ich an mitzulachen, wenn es etwas zum Lachen gab. Sie registrierten es nach dem Motto: «Na bitte, geht doch!» Ich merkte selber, wie die Bitterkeit langsam aus meinem Gesicht verschwand. Meine Kollegen nahmen mich einfach in ihrer Mitte auf, und das tat gut. Ich selber verordnete mir «einmal am Tag laut lachen». Eine effektvolle, vernünftige Medizin, ganz ohne Arzt oder Therapie. Es begann eine verrückte, heilsame Zeit.

Die Kaffeeköchin war morgens immer die Erste. Die Küche war noch still und über Nacht blitzsauber geputzt worden. Ich war die Zweite und hütete ein Geheimnis – nämlich die vielen Bierflaschen, die besagte Erste morgens heimlich unter ihrem Tresen bunkerte. Sie kochte zuverlässig den ganzen Tag über den herrlichsten Kaffee. Und ich bekam den ersten. Leider verstarb sie kurz darauf an Leberzirrhose.

Langsam füllte sich die Küche. Es fing an zu scheppern und zu klirren. Die Köche setzten ihre Kochmützen auf, banden ihre Schürzen um und steckten ihre Touchons unter den Gürtel. Die Küche begann zu leben. Der Bäcker brachte die Brötchen, duftend und noch warm. Oft war ich diejenige, die anfing, weil der Korb vor meinem Büro abgesetzt wurde. «John, hoppla!» Das erste Brötchen flog durch die Luft und wurde aufgefangen. Es flog hin und her. Die anderen Köche holten sich Nachschub, und die Schlacht war im vollen Gang. Einer der Lehrlinge musste Wache stehen, denn die Gefahr kam pünktlich um halb acht in die Küche. Die Gefahr war der riesengroße, finster dreinblickende Küchenchef. Er war zwei Meter zwei groß und wirkte durch die hohe Kochmütze noch riesiger. Dazu die grimmige Miene, die die Köche erstarren ließ. Ab diesem Zeitpunkt waren nur noch das Scheppern und Klappern der Töpfe und das Hacken der Messer zu hören. Kein Gelächter. Kein Privatgespräch. Kein unnötiges Wort. Der Chef verschwand in seinem Büro, einem Glaskasten mitten in der Küche. So konnte er in alle Richtungen beobachten, was geschah. Und er sah alles. Selbst das, was er nicht sah, witterte er hellsichtig. Das kalte Schnitzel, auf dem Schrank bei den Spülern gebunkert. Ein Griff, er hatte es. Auch mich erwischte es. Wenn der Patissier Sauerkirschen in Whisky angesetzt hatte, lächelte er mich auf eine ganz bestimmte Art an und polierte einen Löffel. Für mich das Zeichen: Ich schlüpfte in den Kühlraum, er verschloss die schwere Tür von außen mit einem Riegel. In der Hocke, gegen die Tür gelehnt, schlemmte ich glückselig vor mich

hin. In der Tür befand sich ein rundes Fenster, einem Bull-
auge ähnlich. Dort tauchte plötzlich das grimmige Gesicht
des Chefs auf: «Wenn Sie zu Hause nichts zu essen haben,
geben wir Ihnen gerne etwas mit!» Und mein Gesicht war
schamrot.

Der Souschef, der zweite Mann in der Küche, rauchte für
sein Leben gern. Das war im Hotel verboten. Er aber ignorierte das und rauchte hemmungslos weiter – und niemand
verpetzte ihn. War er in der Nähe meines Büros, wenn der
Chef nahte, schmiss er schnell seine brennende Zigarette
in eine meiner Schreibtischschubladen. Das Problem war
dann meins. Später räumte ich die oberste Schublade
leer und deponierte dort einen Aschenbecher. So konnte er mit Glück im Vorbeilaufen noch schnell zwei, drei
Züge machen. Wir wurden ein eingespieltes Team; wenn
er kam, öffnete ich schon die Schublade. Den Höhepunkt
unserer Verrücktheiten erreichten wir, als wir nach einer
Spätschicht, die Chefs waren natürlich nicht mehr da, unseren gottlob gutmütigen amerikanischen Kollegen über
die noch heißen Herdplatten hetzten. Vorher hatten wir
ihm die Kleider vom Leib gerissen. Die Unterhose durfte
er anbehalten. Dann sperrten wir ihn eine Stunde in den
Kühlraum, wo die Bierfässer lagerten.

Es gab außer mir nur noch eine andere Frau, die den
Blödsinn mitmachte. Sie leitete den Gardemanger-Posten,
also die kalte Küche. Der Rest der Küchencrew bestand
fast ausschließlich aus Männern. Entsprechend waren die
Witze recht herb, aber ich konnte bald mithalten, und zwar
so, dass mich manch ein Kollege rügte: «Das geht nicht,
du bist doch eine Dame!» Aber ich machte weiter und ent-

wickelte mich zum regelrechten Pausenclown. Es machte Spaß – Spaß, den ich bitter nötig hatte.

Mit einigen dieser Kollegen bin ich heute noch in Verbindung. Allerdings weiß ich nicht, ob ihnen damals bewusst war, wie liebevoll sie mich wieder zum Leben erweckten. Bei meiner Mutter zu leben, in ständiger Angst vor dem nächsten Schreiben des Rechtsanwalts meines Ex-Mannes, war eine Herausforderung. Wenn ich mit dem Kind aus dem Haus ging, musste ich höllisch aufpassen; es hätte sein können, dass mein Ex-Mann Leute beauftragt hatte, unseren Sohn zu kidnappen. Ich ging nie aus, auch zu keiner Veranstaltung, nicht einmal ins Kino, hatte keine Freunde und dementsprechend keine Einladungen. Wenn ich von der Frühschicht nach Hause kam, war die Wohnung dunkel und dumpf. Enkel und Großmutter schliefen mit herabgelassenen Jalousien irgendwo, eng aneinandergekuschelt. Ich aber, lufthungrig nach den Stunden in meinem Kellerbüro mit künstlichem Licht, riss als Erstes alle Fenster auf. Luft, Luft, Licht, Licht! Den Tag sehen! Dann begann ich aufzuräumen und zu putzen. Meine Mutter war Personal gewohnt; Küche, Fußböden, Badhygiene war noch nie ihr Thema gewesen. Ich erinnere mich, dass ich manchmal über der Mülltonne in der Küche die eine oder andere Träne verdrückte. Die Abfälle wurden meist nur in die ungefähre Richtung des Eimers geschmissen, verfehlten ihr Ziel aber oft. Das Nichtinteresse beleidigte den Herd pausenlos; ich befreite ihn täglich von angebrannten Dingen. Es bedrückte mich aber nur, wenn generell alles kompliziert lief. Sonst nahm ich den Haushalt sportlich in Angriff und hatte in Windeseile alles auf Nullstellung.

Meinem Sohn ging es bei meiner Mutter blendend. Sie hatte uns fünf Geschwister sehr herbe erzogen, mit wenigen Zärtlichkeiten, wenn überhaupt. Man verabschiedete sich von den Eltern abends mit Handschlag. Frechheiten, Ungehorsam oder Widerrede gab es nicht, sonst hieß es: «Verlasse sofort den Raum und komm erst wieder, wenn du dich entschuldigen willst.»

Selbstdisziplin und Contenance waren an der Tagesordnung. Als junges Mädchen hatte meine Mutter ein Jahr bei einer Arztfamilie in Großbritannien verbracht, und Fairness nach englischer Art war ihr Motto. Und Abhärtung – wie bei den englischen Kindern, die auch im Winter nur in kurzen Hosen herumliefen. Geklagt wurde nicht, gejammert schon gar nicht. Das galt als Zumutung für die anderen. Am Tisch gab es nur Gespräche von Allgemeininteresse. Andere Themen wurden sofort unterbunden. Als ich einmal bitterlich weinte, weil sich meine liebste Freundin umgebracht hatte, wurde ich streng des Esszimmers verwiesen. Dabei hätte man mich umarmen sollen.

Nach meiner Scheidung, dieser bitteren Niederlage, hätte ich auch Trost gebraucht. Stattdessen herrschte Sprechverbot: «Mit solchen Geschichten belästigt man niemanden. Das muss man selber verarbeiten, schweigend und nicht klagend.»

Was hat das mit mir gemacht? Heute bin ich dankbar dafür. Ich bin resilient geworden. Drück mich nieder, ich komme umso stärker wieder hoch!

Bei meinem kleinen Sohn aber hatte meine Mutter all diese pädagogisch fragwürdigen Ansätze vergessen. Enkel und Großmutter schlampten sich lustig durch den Tag. Aßen abstruse Dinge mit den Fingern, immer dann, wann sie es wollten. Regeln gab es keine mehr. Mitten im Zimmer bauten sie sich ein Tipi und wohnten dort. Im Keller waren Geister – mein inzwischen sechzigjähriger Sohn glaubt das heute noch –, es gab Fabelwesen und Unsichtbares. Meine Mutter, eher intellektuell als praktisch, erklärte ihm die Steinzeit, die Eiszeit und die Bronzezeit. Er lernte, Steine zu erkennen, ihr Hobby. Sie machten Weltreisen auf dem Globus und erlebten tagtäglich neue Abenteuer. Das machte mich sehr glücklich. Da spielte ich auch gerne jeden Tag *mein* Spiel – Hausentrümpelung.

Eines Morgens, als ich um halb sechs das Haus verließ, fiel ich vor Schreck fast tot um. Ein Mann trat aus der Dunkelheit nah an mich heran und flüsterte: «Ich komme jetzt jeden Morgen, mit Kaffee.» Es war der Klavierlehrer meiner jüngeren Schwester. Sie studierte Ballett am Opernhaus, und er unterrichtete sie an der Musikhochschule. Ich hatte ihn hin und wieder gesehen, wir waren uns vorgestellt worden. Aber ich hatte nie auch nur einen Gedanken an ihn verschwendet und wusste kaum seinen Namen. Er war erst in meine Mutter vernarrt gewesen, hieß es, dann in meine Schwester verliebt. Ab und zu wurde darüber gewitzelt. Jetzt war ich dran. Jeden Morgen stand er stramm hinter der Tür, mit einer Thermoskanne im Arm. In seinem VW Käfer musste ich sie auf den Schoß nehmen und uns Kaffee einschenken. Er kam aus Litauen, hatte ein gefühlvolles und romantisches Gemüt und gestand mir, dass er den Gedanken, ich müsse, mit einem so schweren Schicksal belastet, bei Nacht und Nebel allein zur Arbeit gehen, unerträglich finde. Also wollte er mein Diener sein. Seine Frau, eine Chemikerin, war bei einer Explosion ums Leben gekommen. Leider könne er mich am Nachmittag nicht von der Arbeit abholen, aber, wenn ich Spätschicht hätte, um Mitternacht wieder gerne. Ob ich das alles überhaupt wollte, fragte er nicht.

Nach mehreren irgendwie peinlichen morgendlichen Begegnungen begann ich, es zu genießen. Er liebte klassische Musik so wie ich und fragte mich Tag für Tag, was ich am nächsten Morgen hören wolle. Manchmal blieben wir sogar noch einen Moment im Auto sitzen, um das Stück zu Ende zu hören. In den Jahren zuvor hatte ich den Luxus von bewusst genossener klassischer Musik nicht erlebt – und fand es nun schlicht himmlisch. Zu jeder Musik gab er mir eine Einführung, näherte sich mir aber zunächst nicht unsittlich, wie meine Mutter es formuliert hätte. Er küsste mir nur die Hand. Wie ein echter, etwas altmodischer Gentleman – der er auch war.

Wenn er mich um Mitternacht am Personalausgang abholte, standen dort die Prostituierten. Wir kannten und mochten uns, und ich versuchte oft, ihnen etwas hinauszuschmuggeln – und wenn es nur die übrig gebliebenen Brötchen des Personals waren. Immer wenn er mir galant die Hand küsste, johlten und klatschten die Damen, aber das beirrte diesen eher schüchternen Mann in keiner Weise.

Er war auch Organist, und ich begann, ihn zu begleiten, wenn er in irgendeiner Kleinstadt ein Konzert gab. Mein unkomplizierter Sohn fuhr oft mit und schlief friedlich auf einer Kirchenbank. Die Orgel war eines meiner Lieblingsinstrumente, und ich schwelgte in der Musik und den Erzählungen des Gentlemans über die Biografien der Komponisten. Wenn er mir jedoch zu nah kam, trat ich einen

Schritt zurück, innerlich und äußerlich. Er war sehr verliebt, und ich erwartete irgendwann den «Überfall». Er kam mitten in der Nacht. Wir fuhren in seinem Käfer von einem Konzert zurück nach Hause. Um Mitternacht hatte ich Geburtstag, und ich schlief an die Scheibe gelehnt. Als jemand mein Gesicht berührte, wachte ich auf und registrierte gleichzeitig, dass das Auto, genauer gesagt der Rücksitz, lichterloh brannte. Er hatte ein Buch auf das Polster gelegt, eine Kerze daraufgeklebt und sie angezündet. Daneben lagen Blumen und ein Schmuckstück seiner Frau. Hektisch schlug er mit den Händen nach den Flammen; ich nahm ein Kissen, das auf der Rückbank lag, und erstickte das Feuer. Schweigend fuhren wir zu mir nach Hause.

Leider wurde es nie wieder so, wie es war. Er bestand darauf, mich weiterhin abzuholen, aber als ich sah, wie er zitterte und bebte, wollte ich das alles nicht mehr. Als Mann war er Lichtjahre von mir entfernt. Als Musikfreund ganz nah.

Später war er Gast auf meiner Hochzeit und lief in seiner Aufregung durch eine geschlossene Glastür. Im Nachhinein tut mir das sehr leid. Wieder einmal herrschte ein großes Missverständnis zwischen Mann und Frau.

Es scheint wirklich so zu sein, dass es «einfach nur Freundschaft» zwischen den Geschlechtern nicht gibt.

VERSAGEN

Ich war eine hoffnungslose Schulversagerin. In der siebten Klasse blieb ich zweimal sitzen und wurde ohne eine
weitere Chance von der Schule genommen, was ich heute
als fast kriminelle Tat ansehe. Mir wurde eingetrichtert,
ich hätte Rost im Hirn. Es wurde mir so oft gesagt, dass
ich es irgendwann selber glaubte. Heute weiß ich, dass es
nicht stimmte – ich war einfach extrem schüchtern und in
mich gekehrt. Ich saß beim Essen am liebsten unter dem
Tisch. Meine Mutter erlaubte das natürlich nicht, aber
den beiden Kindermädchen war es egal. Da meine Mutter
nicht an allen Mahlzeiten teilnahm, hatte ich oft meine
Ruhe. Schaute mich jemand beim Essen direkt an, behielt
ich den Bissen im Mund und schluckte nicht herunter. Zur
Strafe setzte man mich im Kinderzimmer auf den Tisch in
eine für mich schwindelerregende Höhe, ließ die Jalousien
hinunter und schloss die Tür ab. Es war stockfinster. Man
ging davon aus, dass ich schreien würde, und dazu würde
ich schlucken müssen. Das tat ich aber nicht. An den säu-
erlichen Geschmack im Mund kann ich mich heute noch
erinnern.

Bei meiner geliebten Patentante durfte ich jedoch alles. Unterm Tisch sitzen, den Bissen im Mund behalten,

die Hand bei einer Begrüßung verweigern. Sie lachte nur, knuddelte mich und sagte: «Du bist eigentlich mein Kind.» Das sagte sie mir im Laufe der Jahre immer wieder, und es waren ihre letzten Worte an mich, kurz bevor sie im hohen Alter starb.

Tiefe Liebe geht auch über den Tod hinaus. Ich denke oft, dass sie noch bei mir ist. Von ihr habe ich gelernt, Körperkontakt zuzulassen und zärtlich zu sein. Bei meinen Kindern konnte ich all das später ohne Verklemmung ausleben, denn ich hatte es ja erfahren.

An meine Grundschulzeit habe ich keine Erinnerung. Ich weiß nicht, wann und wo ich eingeschult wurde. Noch im Krieg? Oder ein Jahr danach? Und wo? Mein ältester Bruder war irgendwann nicht mehr zu Hause. Kinderheim war das Wort. Keine Erklärung dazu. Er blieb ein Jahr weg. Ein Jahr ist lang, ich hatte ihn fast vergessen. Dann kam ich in das besagte Kinderheim. Im Weserbergland. Kinderheim Dr. Ritter. Warum? Ich habe es nie herausgefunden. Gab es dort eine bessere Versorgung? Aber warum blieben die Geschwister dann mit zwei Kindermädchen zu Hause? Aus Angst vor Bomben? Warum dann nur ich? Ein Jahr Trennung von der Mutter. Der Vater war im Krieg. Ihn kannten wir Geschwister gar nicht. Es ist eines der ungelösten Rätsel meines Lebens. Meine Mutter weigerte sich bis zum Schluss, diese Frage zu beantworten.

Nach einem halben Jahre kam plötzlich mein ein Jahr jüngerer Bruder in das Heim. Er war mein Lieblingsbruder. Zu meinem älteren Bruder sah ich auf; meinen kleineren Bruder liebte ich. Er war mein Bruder. Viel Kontakt hatten wir aber nicht, denn die Jungs waren in einem anderen

Haus untergebracht. Wir Mädchen wurden von zwei ält-
lichen adeligen Fräulein betreut – und natürlich von Personal. Ich liebte die Köchin, sie hieß Monika wie ich. Und
wenn ich zur Strafe neben der Küche alle Schuhe der Mädchen mit Spucke und Papier putzen musste, drückte sie
mich manchmal an ihren üppigen Busen.

Die Freitage waren es, die mich beinahe in die Flucht
trieben. Freitags mussten sich Jungs und Mädchen im großen Speisesaal in zwei Reihen aufstellen. Dr. Ritter öffnete
das Goldene Buch, in dem jede Missetat, jedes kleine Vergehen, jede Lüge, jedes Versagen der Woche eingetragen
war. Der oder die Sünder wurden aufgerufen, mussten sich
mit heruntergezogener Hose oder hochgeschobenem Rock
bäuchlings auf eine Turnbank legen, und es gab je nach
Vergehen eine bestimmte Anzahl Schläge mit dem Gürtel.
Als mein Bruder dran war, fiel ich ohnmächtig zu Boden.
In meinem Elternhaus hatte es niemals Prügel gegeben.

Ich selber wurde nie geschlagen. Aber wir Kinder mussten bei kleinsten Vergehen nachts mit dem Gesicht zur
Wand im Dunklen zwischen uralten, knarrenden Schränken auf dem Boden knien. Lange. Oder, im Nachthemd
und barfuß, im Garten bei Dunkelheit mit einer Taschen
lampe in der Hand Holzscheite zählen. Dabei konnte ich
noch gar nicht zählen.

Ich mache niemandem einen Vorwurf, aber all dies hinterließ, weil unerklärt, Spuren. Im Leben kann alles Mögliche, Unmögliche, Skurrile, Verrückte passieren; aber man
sollte Kindern erklären, warum.

Später wurde ich in demselben Lyzeum eingeschult, das
auch meine Mutter besucht hatte. Und ich hatte diesel-

ben Lehrerinnen. Eine hatte inzwischen ein Glasauge, die andere ein steifes Bein. Die meisten hatten Hörprobleme. Sport gab es nicht, dazu fehlte Lehrpersonal. Die Schulbücher waren uralt, die Lehrerinnen auch. Das Gebäude war bombenbeschädigt, die Klassenzimmer seit Jahren nicht renoviert. Die großen Fenster blieben das ganze Jahr über geschlossen, damit es nicht zog. Das Pausenbrot aß man an seinem Platz. Lustiges Herumlaufen auf einem Pausenhof gab es nicht. Es fehlte das Aufsichtspersonal, und die alten Lehrerinnen schafften kaum noch den Unterricht. Ich nehme an, dass sie sich zwischendurch hinlegen mussten. Musikunterricht fand auch nicht statt. Lehrerinnenmangel. Aber Religion wurde unterrichtet! Weil ich nicht innig genug gebetet hatte, bekam ich mit einem kleinen, biegsamen Stock einige Schläge auf die Hand. Ich war eher verblüfft, als dass es wehtat. Meine Mutter war erklärte Atheistin, und Beten war mir unbekannt.

Was mich in der Schulzeit lähmte, war die Atmosphäre. Die abgestandene Luft im Klassenzimmer. Immer roch es nach hart gekochtem Ei und alter Kleidung. Nach Schweiß und fettigen Haaren. Manche Mädchen putzten sich die Nase und schoben das Taschentuch in den Ärmel. Andere kauten an ihren Fingernägeln oder hatten feuchte Schweißflecken unter dem Arm, und die Lehrerinnen hatten ungeputzte gelbliche Zähne. Das alles raubte mir meine Aufmerksamkeit. Ich sah lieber schnell aus dem Fenster, und schon wurde ich gerügt. Freundinnen fand ich nicht unter diesen Mädchen. Ich beherrschte auch nicht ihre Gesprächsthemen und war dadurch für sie eine arrogante Gans. Ich hüllte mich in Schweigen, schien etwas Besseres sein zu wollen. Dabei war ich nur verschreckt von so viel Hässlichkeit. Mein Pech war, dass ich aus einem sehr stilvollen, feinsinnigen Elternhaus kam und eine zwar strenge, aber gute Erziehung genossen hatte. Perfekte Reinlichkeit gehörte dazu, das galt als minimalste Rücksichtnahme gegenüber anderen Menschen. Damit war ich weit von der Realität der anderen entfernt, als lebte ich auf einem anderen Stern.

Zu jener Zeit zogen unendlich viele Mütter ihre Kinder ohne die Väter groß, die entweder im Krieg gefallen, noch in Kriegsgefangenschaft oder schwer traumatisiert zurückgekehrt waren. Nicht jeder wohnte in einem Haus mit einem intakten Badezimmer und einem Zimmer für jedes Kind. So viele Menschen hatten alles verloren und bauten sich erst langsam und mühselig wieder eine neue Heimat oder ein Nest für die Kinder auf. Was spielte es da für eine Rolle, ob das Kind gepflegt in die Schule ging? Schon allein ein Gymnasium zu besuchen, war ein Privileg. Ich lebte in einem goldenen Ei – und wusste es nicht einmal.

Inzwischen hatte ich heimlich fast die ganze Bibliothek meiner Eltern gelesen. Manches verstand ich noch gar nicht, wie zum Beispiel *Die gute Ehe* oder *Vermassung und Kulturzerfall*. Aber vieles erschloss sich mir; es war der Beginn meiner Leseleidenschaft und meiner Liebe zur Literatur. Doch mit der Schule war es nach der siebten Klasse vorbei – ich wurde in eine Schneiderlehre gesteckt. Im besten Modesalon der Stadt. Wie meine Eltern das bewerkstelligt hatten, weiß ich nicht, war ich doch als Schulversagerin in Ungnade gefallen. Eine Lehre! Diese Peinlichkeit! Alle in meinem Umfeld gingen aufs Gymnasium, niemand machte eine Lehre. Schon wer auf die Waldorfschule ging, war Abschaum. Waldorfschule, ein Ort für Unfähige. Aber eine Lehre? Das war unfassbar. Bis zum Anfang der Ausbildung weinte ich mich leise durch die Nächte. Die Nacht vor meinem ersten Tag verbrachte ich im Bett meines ältesten Bruders. Ich lag neben ihm und beobachtete die Fische in seinem beleuchteten Aquarium. Unsere Eltern machten derweil Urlaub. Das Hausmädchen, das auch für uns kochte, überreichte mir belegte Brote. «Dein Lieblingskäse», sagte sie und knuffte mich in den Arm. Heute weiß ich, sie fühlte mit mir.

Eine ganz andere Zeit begann. Eigentlich war ich noch ein Kind, aber ich durfte wegen mangelhafter Leistungen nicht mehr im Strom mit den anderen Kindern mitschwimmen, sondern wurde aussortiert und in ein anderes Gefüge «eingeschleust»: in den Strom der arbeitenden Bevölkerung. Mein Tag fing früh an – um sieben Uhr. Das hieß: aufstehen um sechs Uhr. Da drehte sich ein Gymnasiast noch einmal um, und sogar unser Hausmädchen schlief noch. Ich fuhr mit dem Fahrrad an den Bahngleisen entlang, durch Regen und Schnee, durch Dunkelheit oder Sommerluft, durch Sturm oder Frühnebel. Drei Jahre lang. Was ich zu Anfang nicht wusste: Ich fuhr dem Erfolg entgegen! Ich, zu groß, zu dünn, zu schüchtern und voller Sehnsüchte, war von Erwachsenen in eine Richtung geschoben worden, um die ich nicht gebeten hatte – und verfiel nach kurzer Zeit der ersten, obgleich nicht einzigen Leidenschaft meines Lebens: der Mode.

Das Nähen lag mir. Ich verstand das System, war schnell und geschickt und konnte erkennen, was gut war und was nicht. Ich liebte den Umgang mit Stoffen. Während meiner Lehrzeit beobachtete ich genau, wie die Directrice die

Schnitte vorbereitete. Zuerst zeichnete sie für die Kundin mehrere Entwürfe. Diese entschied sich daraufhin, und der Schnitt wurde auf einem sehr großen Tisch mit Maßstock, Zirkel und anderen Mess- und Mal-Utensilien entwickelt. Danach wurde das Schnittmuster auf den Stoff übertragen; ein aufwendiges Vorhaben, auf den Millimeter genau. Bei extrem kostbaren Stoffen musste das Schnittmuster oft erst auf Nessel festgehalten werden, und die Kundin trug bei der ersten Anprobe folglich das zukünftige Kleid in Nessel. Es wurde abgesteckt, verändert, Falten wurden erneut geworfen, Längen verändert, manchmal das ganze Kleid entsprechend neu gestaltet, vorsichtig mit allen Korrekturen auseinandergenommen und letztendlich auf den Stoff übertragen. Zuerst kam es zu uns in die Werkstatt. Unsere Werkstattchefin nahm die Stoffteile entgegen und legte sie zusammen. Man gab mir mal die Paspeltaschen, jemand anderem das Futter. Ein ganzes Kleid nähte in den Lehrjahren niemand von uns ganz allein zusammen. Zu Hause nähte ich aber schon im dritten Lehrjahr erfolgreich Kleider für Kundinnen aus meinem Umkreis, nach eigenem Entwurf, den ich wie verrückt geübt hatte, bis hin zum selbst erstellten Schnitt und zum fertigen Kleid.

Einige Wochen nach Beginn der Lehre fragte meine Mutter die Chefin des Modesalons, wie ich mich anstellte. Die Antwort: Mit mir sei man ganz schön reingefallen. Das hatte einen Hintergrund. Während alle Näherinnen stundenlang um einen riesigen Tisch herumsaßen und jede stumm mit ihrer Arbeit beschäftigt war, lief nicht einmal ein Radio. Reden war auch nicht erlaubt, und die Stille war manchmal geradezu erdrückend. Da kam die Idee auf, ich, als jüngster Lehrling, solle vorlesen. Ich las die Heftromane vor, die ich von unseren Hausmädchen geliehen bekam; Lektüre, die in meinem Elternhaus strikt verboten war. Die Hefte befanden sich unter einem Handtuch auf dem Hocker in der Küche, auf dem die Mädchen während ihrer Esspause saßen. Ich wusste das schon lange und verschlang die Hefte heimlich unter der Bettdecke. Als Expertin las und las ich, mit nicht zu lauter Stimme. Kam jemand in die Werkstatt, wurde schnell ein Abendkleid über mich geworfen. Das Lesevergnügen hörte aber von einer Minute auf die andere auf. Meine Werkstattchefin hatte wohl eine Rüge bekommen, man würde mir zu wenig beibringen.

Als ich Jahrzehnte später selber mit höchstem Vergnügen Heftromane für einen Hamburger Verlag schrieb, waren mir meine Lesungen in der Werkstatt wieder sehr gegenwärtig. Ich las nicht nur vor, ich agierte die Szenen auch aus, weshalb ich von allen gemocht wurde. Noch heute bin ich gern die Hofnärrin.

Über den Rost in meinem Hirn wurde nicht mehr gesprochen. Meine Mutter zerrte mich stattdessen durch Museen, in Ausstellungen und Konzerte. Meine Allgemeinbildung sollte angekurbelt werden. Hinterher musste ich immer einen Bericht über das schreiben, was ich gesehen oder gehört hatte. Dafür bin ich meiner Mutter heute noch dankbar. Impressionisten, Expressionisten, Kubisten, alle alten Meister, Barockmusik, neue klassische Musik, Literatur in allen Abzweigungen wurden mir ins Hirn gehämmert. Und blieben. Denn ich mochte das alles sehr. Mein Französisch erweiterte ich in der École Française. Privater Zeichenunterricht erweiterte mein perspektivisches Sehen, was mir bei meinen Modeentwürfen sehr half.

Aber was half bei meiner Schüchternheit? Eine Freundin meines älteren Bruders machte meinen Eltern den Vorschlag, ich solle doch die Mannequinschule des Fräulein von Sievers besuchen. Sie habe das auch getan, um selbstsicherer zu werden. Diese Freundin ihres Sohnes war die Tochter eines bekannten Professors, doch das war für sie keine Garantie, dass es dort anständig zuging. Was wären sie denn für Eltern, wenn ihre Tochter dadurch eine Prostituierte werden würde? Sie waren fest davon überzeugt, dass die Schule so etwas im Sinn hatte. Nach mehreren Diskussionen hinter geschlossenen Türen bekam ich doch die Erlaubnis. Ein halbes Jahr lang absolvierte ich regelmäßig die Schule, um sie dann mit einer recht harten Prüfung abzuschließen.

Es war eine überaus strenge Benimmschule, die nebenbei Mannequins ausbildete. Ich bestand mit einer Eins. Durch diese Ausbildung konnte ich nun selbstsicher einen Laufsteg entlanggehen, ein Restaurant durchschreiten oder auch einen ganzen Saal, und das alles vor den Augen fremder Menschen. Unglaublich. Ich war so stolz. Nach bestandener Prüfung erzählte ich in der Schneiderwerkstatt von meinem Erfolg, vorher hatte ich mich nicht getraut, davon zu berichten, und geschwiegen. Auf der Stelle wurde ich zum Hausmannequin erklärt, für den ganzen Rest meiner Lehrzeit. Mit anderen Worten: Schneiderpuppe und Kleiderbügel. Die Anproben dauerten oft mehrere Stunden, manchmal fühlte ich mich schwach, und mir wurde schwindlig. Wurde das bemerkt, brachte es mir höchstens einen «Anbrüller», im besten Fall ein Glas Wasser ein.

Viermal im Jahr fanden die Modeschauen statt, bei

denen ich mit Profi-Mannequins über den Laufsteg ging. Da ich extrem lang und dünn war, bekam ich Busen und Hüften aus Rosshaar genäht. Vom Glanz und Lob, den die Profis erhielten, bekam ich nichts ab. Auch nicht von der Gage. Nach den Modeschauen musste ich schnell wieder in die Rolle des Lehrlings schlüpfen und beim Aufräumen helfen.

Die Schneiderlehre war gerade abgeschlossen, als ich die Aufnahmeprüfung für die Werkkunstschule bestand. Ich wollte Modezeichnerin werden. Ich hatte einen Plan, von dem ich nicht einmal meinen Geschwistern erzählte. Mein Geheimnis war: Ich wollte nach Amerika auswandern. Diese Sehnsucht spürte ich schon seit Jahren in mir. Oft lag ich im Bett, und die Tränen dieser großen Hoffnung flossen nur so aus mir heraus. Warum gerade Amerika, weiß ich nicht genau. Alle schwärmten zwar von Amerika, dem gelobten Land, in dem es alles gab, doch das war es nicht, was ich vor Augen hatte. Ich wollte die Weite des Landes kennenlernen. Ich wollte zu den blauen Bergen, wo immer die auch lagen. Und ich wollte in das Land, wo die herrlichen Carepakete hergekommen waren. Mit fremd gemusterten Kleidern. Alles roch so anders. So verlockend. Ich wünschte mir, dort zu sein, wo dieses andere, das eigentlich Unerreichbare war. Ich hatte Fernweh. Obwohl ich keine konkreten Vorstellungen von diesem riesigen Amerika hatte. Aber ein konkretes wehes Empfinden, das mich beflügelte. Die Welt um mich herum schien immer kleiner zu werden. Ich musste raus ... raus ... raus!

Schließlich teilte ich meinen Eltern meinen Plan mit, aber ich glaube, sie hörten mir nicht einmal zu. Immer und immer wieder erzählte ich ihnen von meiner Sehnsucht. Langsam verstanden sie, wie ernst es mir war. Um mit einem klaren «Nein» auf meine Idee zu reagieren. So wuchs mein Fernweh ins Unerträgliche. Ich überlegte mir eine Strategie. Reden half ja nicht mehr. Also musste ich handeln. Jedes Mal, wenn meine Eltern von einer Abendveranstaltung nach Hause kamen, saß ich zusammengekrümmt und leise vor mich hin schluchzend in der Sofaecke. Im Dunkeln natürlich. Und tat ganz überrascht und peinlich berührt, weil sie mich beim Heulen erwischt hatten. Ich hörte, wie sie sich in einem Nebenzimmer darüber unterhielten, ob ich in eine Depression rutschen würde. Sie fingen an, sich Sorgen zu machen. Das war nur gut. So rannte ich nur noch mit einer Leidensmiene durch die Gegend, ließ mich kaum noch ansprechen und war stets «ganz weit weg». Jetzt machten sie sich wirklich Sorgen.

Eines Tages sagte mein Vater: «Wenn du dir das Geld für die Überfahrt zusammensparst, gebe ich dir noch mal die gleiche Summe dazu, sodass du fahren kannst und auch ausreichend Geld für die erste Zeit hast.» Er ging natürlich davon aus, dass ich das nie schaffen würde. Ein Eis kostete zehn Pfennig, eine Überfahrt 800 Mark. Jedoch kannte er seine Tochter schlecht. War ich in seinen Augen vielleicht einmal eine große Versagerin gewesen – eines konnte ich: arbeiten! Jeden Mannequinjob nahm ich an, und wenn ich auch nur für die Einkäufer die besagten Nesselkleider vorführte. Meistens wurde ich jedoch für Abendkleider oder Hüte gebucht. Man kann mir eine Kloschüssel auf den Kopf setzen, sie steht mir! Nur gab es nicht so viele Modeschauen in unserer Stadt, dass ich damit hätte reich werden können. Also verteilte ich Werbeartikel im Foyer eines Kinos, putzte für ältere Leute und kellnerte in einem Bierzelt. Wenn es um die «niederen» Arbeiten ging, log ich zu Hause hemmungslos. Familiärer Hochmut, Dünkel und das, was ein Mädchen aus gutem Hause nicht tun durfte, standen mir im Weg. Ich nahm jede Arbeit an. Und nähte natürlich die Nächte durch. Das konnte ich ja. Es dauerte aber immer noch fast zwei Jahre, bis ich das Geld zusammenhatte. Zum großen Schrecken meiner Eltern, denn mein Vater hatte sein Versprechen längst vergessen.

In der Werkkunstschule tat sich etwas Seltsames. Ich wollte Modezeichnerin werden, merkte aber schnell, dass meine provinzielle Heimatstadt Hannover sehr weit von Paris entfernt ist – und nur dort konnte man etwas werden. Und das auch nur vielleicht. Ich wurde unzufrieden mit meiner Wahl. Da gab es aber handgewebte Stoffe, die ich schon immer gehasst hatte. Geradezu verachtet. Wer Handgewebtes bei sich in der Wohnung hatte, war bei mir unten durch. Und waren es gar noch Tischläufer oder Wandteppiche – ganz schlimm. Meine Lehrerin für Textiles Gestalten, Frau Günter, hatte an mir einen Narren gefressen und sah etwas in mir, was ich nicht sah. Sie nahm mich mit zu sich nach Hause und zeigte mir ihre handgewebten Wandteppiche. Preisgekrönt übrigens. Eine erstaunliche Erfahrung. *So* konnte Handgewebtes auch aussehen! Riesige abstrakte Bilder hingen an den Wänden ihrer großen Wohnung. In Farbkombinationen, die eigentlich nach den üblichen ästhetischen Vorstellungen nicht «erlaubt», aber deswegen besonders genial waren. Sie ahnte wohl, dass ich bei ihrem Anblick Feuer fangen würde, und brachte mir privat im Keller der Werkkunstschule das Weben bei. Dort standen viele Webstühle, trotzdem Weben war irgendwie nicht «in».

Ich war so begeistert, dass ich vom Modezeichnen zum Textildesign wechselte. Stunde um Stunde verbrachte ich am Webstuhl, sozusagen im Rausch der Sinne. Ich webte keine Wandteppiche oder kleine Deckchen, ich webte Meterware. Ich webte gegen das an, was ich immer als so entsetzlich geschmacklos empfunden hatte. Frau Günter brachte mir die gängigen Bindungen bei, forderte mich dann aber auf, sie alle wieder zu vergessen und kreativ zu werden. So begann ich, Grün und Blau zusammen zu verarbeiten. Diese Kombination galt damals als ganz großes No-Go. Danach nahm ich mir die Farbe Lila vor. Eine schlimme Altdamenfarbe. Absolut verpönt. Die Meisterklasse der Modeabteilung wurde durch meine ungewöhnlichen Farbzusammenstellungen auf mich aufmerksam; alle kamen in den Keller, kreischten erst auf, waren dann aber so begeistert, dass sie ihre Abschlussarbeiten aus meinen Stoffen nähten. Wer ihnen Modell stand und die Kreationen vorführte, muss ich wohl nicht extra erwähnen. Das hatte zum Vorteil, dass ich viele der Kleider und Kostüme nach der Prüfung bei ihnen erwerben konnte. Als ich endlich in Bremerhaven einschiffte – von hier aus waren schon viele nach Amerika ausgewandert –, hatte ich einen Koffer voll mit den schönsten und originellsten Kleidungsstücken.

TRENNUNG

Ein schlimmes, ein sehr schlimmes Ereignis kam auf mich zu, ohne dass ich es ahnte. Ein Onkel und eine Tante, die in Argentinien lebten, reisten alle paar Jahre nach Deutschland und besuchten auch uns. Meine Tante ließ sich in Bad Nenndorf verjüngen, mein Onkel ging seinen Geschäften nach. Was meinen Vater und meinen Onkel verband, war ihre Leidenschaft für Pferde.

Mein Vater war ein Pferdenarr, er verbrachte die meisten Sonntage auf der Rennbahn; im Gegensatz zu meinen Brüdern kam ich oft mit. Er wünschte sich, dass seine drei älteren Kinder gute Reiter würden. Die zwei jüngeren Geschwister waren noch zu klein, aber wir älteren erhielten Reitunterricht, der Longierplatz lag direkt neben der Rennbahn. Ich putzte und fütterte die Pferde eifrig und pflichtbewusst, das gehörte zum Unterricht, und ich mochte das sehr. Manchmal war ich schon im Stall, bevor die Schule anfing. Das brachte mir in der Klasse Feindschaften ein, denn ich stank ziemlich nach Pferd. Außerdem spielte dabei noch Neid eine Rolle, denn wer sich Reitunterricht leisten konnte, hielt sich wohl für etwas Besseres; das, was ich angeblich immer sein wollte.

Während der Zeit, in der wir den Unterricht bekamen,

fiel ich nicht ein einziges Mal vom Pferd. Todesangst sorgte dafür, dass ich auf dem Rücken des Tiers geradezu festkleb-te. Mein ältester Bruder ritt dagegen durch einen Busch, und das Pferd kam ohne ihn wieder heraus. Er ritt durch einen flachen See, und das Pferd kehrte ohne Reiter wie-der an Land. Er fluchte und schimpfte und weigerte sich, weiterhin Unterricht zu nehmen. Nach einem misslichen Erlebnis, bei dem sich mein Pferd eines Tages einfach den Tieren auf der Rennbahn anschloss und deren Tempo folg-te, war es auch mit meiner Freude am Reiten vorbei. Es war für mich ein Todesritt, so kam es mir jedenfalls vor. So viel zur Autorität, die ich über mein Pferd besaß! Es nahm mich keinesfalls ernst. Das Gegenteil passierte meinem jünge-ren Bruder. Er setzte sich auf sein Pferd und verschmolz mit ihm, von der ersten Minute an. Er war ein Naturtalent, und das bestimmte sein Schicksal.

Nun aber zurück zu meiner Tante und meinem Onkel. Man sagte mir, es seien weitläufige Verwandte meines Va-ters aus Bayern, schon vor Jahrzehnten seien sie nach Ar-gentinien ausgewandert. Sie galten als sehr wohlhabend, ihre Estancia lag weit von Buenos Aires entfernt. Hier züchteten sie Zuchtbullen und Pferde. Ihr Unglück war: Sie hatten keinen Erben. So suchten sie in verschiedenen deutschen Waisenhäusern immer wieder nach einem schon «fertigen» Jungen von rund vierzehn Jahren. Weil ihre Suche erfolglos blieb, fiel ihre Wahl schließlich auf meinen jüngeren Bruder. *Meinen* Bruder. Als sie sahen, wie er mit den Pferden eins zu werden schien, war sein Schick-sal besiegelt. Ich weiß nicht, mit welchen Argumenten sie meine Eltern dazu überredeten, ihr Kind nach Argentinien zu geben. Aber es geschah! Uns Geschwistern wurde es nur als fertiger Entschluss mitgeteilt. Weinen und Schreien meinerseits halfen nicht.

Am Tag seiner Abreise trug mein Bruder seinen brandneuen Konfirmationsanzug. Seine «neuen Eltern», katholisch, hatten auf einem Glaubensbekenntnis bestanden, wenn schon keine Firmung, dann wenigstens eine Konfirmation. So wurden er, vierzehn Jahre alt, und ich mit fünfzehn zusammen konfirmiert. Wie meine atheistische Mutter darüber dachte, weiß ich nicht. Es gab einen neuen Satz in meiner Familie: «Das steht nicht zur Debatte.» Auf meine Frage, wann er wiederkäme, erhielt ich ihn zum ersten Mal als Antwort.

In Mailand ging seine Reise los. Meine Mutter begleitete ihn bis zu dieser italienischen Stadt, danach war er auf sich allein gestellt. Meine Mutter hatte vor, sich anschließend einige Tage in Meran zu erholen. Der Rest der Familie rückte in dieser Zeit eng zusammen. Sogar unser Vater blieb täglich bei uns, was ungewöhnlich war. Er kochte, was er sehr gut konnte, und trank keinen Schluck Alkohol, was auch ungewöhnlich war. Ich aber besorgte mir am Abreisetag meines geliebten Bruders eine Flasche Rotwein. Da ich seine Lieblingsschwester war, hatte nur ich Zutritt zu seinem Zimmer. Oft hatte ich neben ihm gesessen und ihn bei seinen Laubsägearbeiten beobachtet. Meine einzige Aufgabe bestand darin zu schweigen. Er mochte es nicht zu reden, wenn er bastelte. Jetzt, ohne ihn, setzte ich mich auf seinen Stuhl, die Beine über die Armlehne. Mein Herz, so fühlte es sich an, war gebrochen. Genau in der Mitte durchgebrochen, und es tat sehr weh. Ich trank den Rotwein direkt aus der Flasche. Bei den Erwachsenen hatte ich gesehen, dass sie Alkohol tranken, wenn es schwierig wurde. Der Rotwein war das erste alkoholische Getränk meines Lebens und sollte für viele Jahre das letzte sein. Irgendwann fiel ich vom Stuhl, übergab mich und schlief auf dem Fußboden ein.

Mein Bruder erlebte in Argentinien traumatisierende Jahre. Er wurde nicht als Sohn behandelt, sondern schlief mit den Angestellten bei den Tieren im Stall. Das Herrenhaus durfte er nicht betreten. Auch der versprochene weitere Schulbesuch war auf einmal vergessen. Er war eine zusätzliche Hand bei der täglichen harten Arbeit. Ich schrieb ihm sehnsuchtsvolle Briefe. Als ich ihn Jahre später wiedersah, warf er mir vor, ich hätte seine vielen Briefe nie beantwortet. Meine hatte man ihm offenbar nie gegeben. An die Familie schrieb er, wie ich heute weiß, kontrollierte Briefe, und die auch nur in großen Abständen. Über die Ernte, über die Pferde, über die Hunde. Wann und ob er wiederkommen würde, stand nach wie vor nicht zur Debatte. Meine Eltern reisten niemals nach Argentinien, um zu sehen, wie es ihm ging. In all den Jahren, in denen er nicht bei mir war, musste ich nur an ihn denken, und schon liefen die Tränen. Der Trennungsschmerz wurde immer stärker statt schwächer. Es gelang mir nie mehr, diesen Schmerz ganz in den Griff zu bekommen. Als ich später selbst Kinder hatte, schwor ich mir, Geschwister nie zu trennen. Egal, was kommt!

DIE GEBURT
MEINER SCHWESTER UND
DAS ENDE DES KRIEGES

Im Krieg wurden wir nach Burgstemmen evakuiert, eine Gemeinde in Niedersachsen, nahe bei Hildesheim. Drei Kinder, zwei Pflichtjahrmädchen und meine Mutter, denn mein Vater war noch im Krieg. Das Häuschen, in das wir einzogen, war winzig. Die Pflichtjahrmädchen schliefen in der Küche, wir Geschwister mit meiner Mutter in einem Zimmer, in meiner Erinnerung sogar im selben Bett. Die Toilette befand sich in einem «Außenhäuschen», es bestand nur aus einem Brett mit einem Loch in der Mitte. Wenn man hineinschaute, sah man nur Dunkelheit. Es stank bestialisch, und auf dem Brett und an den Wänden krochen weiße Maden. Das Häuschen wurde sofort verschlossen. Dieser Ort des Grauens wurde nicht benutzt, wir Kinder gingen nicht einmal in seine Nähe. Stattdessen wurde ein Küchenhocker genommen, ein Loch hineingesägt und ein Eimer daruntergestellt – das wurde unsere Familientoilette.

Ich war fünf Jahre alt, und meine Mutter war nach einem Fronturlaub meines Vaters mit ihrem vierten Kind schwanger, uns Kindern war das nicht aufgefallen. Eines Tages wurden wir aus dem Haus gescheucht, und die

Haustür wurde von innen abgeschlossen. Vorher hatte man uns streng befohlen, den Platz vor dem Haus nicht zu verlassen, woran wir uns aber nicht hielten. Wir liefen hinüber zur Molkerei, rannten über die Wiesen und machten allen Blödsinn, der verboten war – wir gingen in den Hühnerstall, suchten nach Eiern oder ärgerten die Kaninchen. Es war ein Glück, dass wir die ganze Zeit zusammenblieben, denn auf einmal ging es los. Über uns hörten wir Flugzeuge. Ganz hinten am Horizont wurde es plötzlich blutrot. Hildesheim brannte, was wir damals natürlich nicht wussten. Etwas ängstlich geworden, näherten wir uns wieder dem Haus, jedoch nur zögerlich, denn irgendwie war es auch spannend.

Plötzlich flog die Haustür krachend auf, die Hausmädchen griffen nach uns und schleiften uns in Sekundenschnelle ins Innere. Dann flogen Splitter vom Himmel und zerstörten zum größten Teil eine Hauswand. Wären die Mädchen nicht so geistesgegenwärtig gewesen, wir drei Geschwister hätten nicht überlebt! Mit den Splittern durften wir leider nicht spielen.

Im Haus erwartete uns eine Überraschung. Ob wir die toll fanden oder nicht, wussten wir noch nicht so recht. In einem Korb neben dem Bett unserer Mutter lag ein schrumpeliges rotes Ding, das leise vor sich hin knurrte. «Sagt eurer neuen kleinen Schwester guten Tag», wurden wir ermuntert. Und wir sagten im Chor brav «Guten Tag».

Wir wollten alle zu unserer Mutter ins Bett klettern, das wurde uns aber streng untersagt. Dafür entdeckte ich unter dem Bett eine Schüssel mit Blut und noch irgendetwas. Ich fing sofort an zu schreien, überzeugt davon, meine Mutter würde sterben. Was dazu führte, dass wir aus dem

Zimmer gescheucht wurden. Lange konnte ich mich nicht beruhigen, und das Ding da im Korb war einfach nur blöd. Wer brauchte das überhaupt? Wir Kinder waren doch schon alle da.

1945 näherte sich der Krieg seinem Ende, wovon wir Kinder natürlich nichts merkten. Mitten am Tag ging der Befehl durch das Dorf, alles zu verdunkeln. Das hieß, an sämtlichen Fenstern mussten schwarze Rollos heruntergelassen werden. Wir saßen im Dunklen. Auf dem Boden, wie immer in solchen Situationen, mit dem Rücken an der Wand. Eng an die Erwachsenen gedrückt. Dann hörten wir es. Ein Brummen, ein Knirschen, ein Quietschen, aber hauptsächlich ein Brummen von vielen Motoren. Eines der Dienstmädchen spähte durch einen kleinen Schlitz am Fenster und flüsterte: «Oh mein Gott! Der Feind kommt!» Gleich darauf schlugen kräftige Fäuste gegen unsere Haustür. «Open the door!» Uns Kindern wurde der Mund zugehalten, damit wir nicht schrien. Sehr ruhig stand meine Mutter auf und öffnete die Tür. Mit einem Handgriff wurde sie aus dem Haus gezogen und in einen Jeep geschoben. Das Dienstmädchen, es hieß Lisa, guckte wieder durch den Schlitz und berichtete. Ein großer, schwarzer Mann hielt unsere Mutter am Arm fest. Man muss dazu wissen, dass unsere Mutter im Dorf nicht beliebt war. Sie galt als hochnäsig und faul, sie blieb ein Fremdkörper. Alle Frauen, Kinder und alten Menschen mussten auf die Felder, um Kartoffelkäfer von den Pflanzen abzulesen. Unsere Mutter nicht. Nach der Kornernte gingen alle, die auch nur halbwegs laufen konnten, über die Felder, um liegen gebliebene Ähren aufzusammeln. Unsere Mutter nicht. Sie packte uns drei Kinder auf das Fahrrad und radelte mit uns weit ins Land hinaus. Vor einem Erbsenfeld ließ sie uns runter, und wir durften so viele Erbsen essen, wie wir nur konnten. Dabei wurde sie beobachtet und angezeigt. Was daraus wurde, erfuhr ich als Kind nie. Ihre Unbeliebtheit war danach nur noch größer. Sie blieb auch in der schlimmsten Zeit immer damenhaft angezogen. Beim Anstehen um Lebensmittel reihte sie sich nie in die Schlange ein. Das machten die Mädchen. Sie fuhr auch nicht mit dem Fahrrad nachts über die Dörfer, um zu hamstern. Das hatte einen Grund: Meine Mutter war schwer an offener Tuberkulose erkrankt. Das durfte jedoch niemand wissen, denn diese Mütter kamen in ein Heim und ihre Kinder in ein anderes.

Als meine Mutter gefühlte Stunden später wieder im Jeep zurückkehrte, reichte ihr der große, schwarze Mann die Hand und half ihr aus dem hohen Gefährt. Dabei lächelte er sie freundlich mit unglaublich weißen Zähnen an. Wir alle hingen an dem Schlitz vom Rollo. Was war passiert? Unsere Mutter war die einzige Person im Dorf, die Englisch sprach. Der Bürgermeister hatte es «dem Feind» gesagt, und so hatte sie zu übersetzen. Das Dorf musste sich offiziell ergeben; am nächsten Tag wurde das in der Kreisstadt noch einmal schriftlich festgehalten. Dazu holte der Bürgermeister unsere Mutter mit Pferd und Wagen ab. Als sie aufgestiegen war, überreichte er ihr als Erstes ein Schmalzbrot; etwas, das nie vorher geschehen war. Er hatte die ganze Zeit gut in seinem Fett gesessen und nichts für die Dorfbewohner getan. Nun jedoch hatte er höllische Angst, unsere Mutter würde ihn verraten.

Als das Schriftliche erledigt war, fing die Kirchturmglocke an zu läuten. Es war keine richtige Glocke, sie war schon längst eingeschmolzen; es handelte sich um eine Ersatzkuhglocke. Die Dorfbevölkerung rannte im Freudentaumel auf die Straße. Alle redeten mit allen, man lachte, weinte, Feindschaften schienen auf einmal vergessen zu sein. Ich saß auf den Schultern von Lisa, die herumhüpfte; ich fand das großartig. Was da wirklich passierte, verstand ich noch nicht. Der Krieg war zwar beendet, aber unsere Lage veränderte sich nicht maßgeblich; wir Kinder hatten immer noch ständig Hunger und waren unterernährt. Unsere Frostbeulen an den Zehen und Fersen wurden weiterhin allabendlich mit einer stinkenden Salbe eingeschmiert und mit Stoffstreifen umwickelt. Das Hockerklo blieb, ebenso, dass wir Kinder nur einmal in der Woche in warmem Wasser baden durften. Dazu wurde eine Wanne in der Küche aufgestellt; alle Geschwister mussten das gleiche Wasser benutzen. Ich wunderte mich nur darüber, dass die grauen Streifen an meinen Handgelenken plötzlich verschwunden waren. Unsere Milchzähne waren jedoch weiterhin fleckig, die neuen auch. Vitaminmangel. Die Milch schimmerte immer noch verwässert blau. Wir hatten strengstes Verbot, von den im Dorf gelangweilt herumlungernden Soldaten etwas anzunehmen; uns wurde gesagt, das sei vergiftet. Es gab aber Dorfkinder, die keine Angst hatten. Sie saßen dann hinten auf Motorrädern oder im Jeep, aßen Schokolade und schmissen Kaugummipapier auf die Dorfstraße. Sie wirkten keineswegs vergiftet. Uns zerriss der Neid, aber wir trauten uns nicht, das Verbot einfach zu ignorieren.

Schließlich bemerkten wir ein neues Phänomen. Große Lastwagen rollten langsam durch die Dorfstraße und hielten dann an. Ihre Planen wurden geöffnet, und zu erkennen waren entweder Hunderte Paar Schuhe, Männerbekleidung oder Stoffballen. Meine Mutter hatte den Dienstmädchen eingeprägt, nichts davon zu nehmen. Die Ware, so meinte sie, stamme aus geplünderten Fabriken. Aber als die Lastwagen mit den Stoffballen auftauchten, gehorchten sie nicht mehr. Sie rissen so viele Ballen geblümter Seide herunter, wie sie nur tragen konnten. Unsere Mutter schaute weg. Jahre später, als ich zu nähen anfing, gab es noch einen Seidenstoffballen mit einem kleinen Streublümchenmuster, ich fütterte damit mein erstes selbst geschneidertes blaues Kostüm.

Eines Tages hieß es, unser Vater komme nach Hause. Er war im Harz in einem Kriegsgefangenenlager, wurde dort unter freiem Himmel festgehalten. In jenem Lager starb die Mehrheit der Gefangenen an Hunger. Zum Schluss aßen sie Gras, für Menschen nicht verträglich. Meinem Vater hatte ein mitfühlender Wächter eine Flasche Rizinusöl durch den Maschendraht geschmuggelt. Jeden Tag nahm er ein winziges Schlückchen, und das hielt ihn am Leben.

Voller Vorfreude schmückte ich das kleine Wohnzimmer mit Butterblumen, und als er endlich in einem englischen Jeep vor das Haus gefahren wurde, entstieg diesem mit der Hilfe des Fahrers ein klapperdürrer, käsebleicher Mensch. Betroffen schlichen wir hinter ihm her. Seine ersten Worte waren: «Kinder, raus!» Noch reichlich hörten wir diese beiden Worte, aber wir liebten ihn dennoch. Neun Monate später wurde unser jüngster Bruder geboren.

ZURÜCK
IN DER STADT

In der Stadt besaßen meine Eltern ein Haus, unser Elternhaus. Meine Mutter hatte es als Mitgift zur Hochzeit von ihren Eltern bekommen. Mein Großvater, der im Jahr meiner Geburt starb, hatte als Baumschulbesitzer den Garten sorgfältig angelegt, sogar mit einer Trauerweide und einem kleinen Teich. Das Haus wurde von Flüchtlingen be- und verwohnt, weil dort zu viele Menschen auf zu wenig Platz zusammengedrängt lebten. Unser Vater fand für alle Flüchtlinge andere Unterkünfte, und so konnten wir zurück in unser Haus. Das war sein Talent. Er konnte sich Dinge vorstellen, sie in die Tat umsetzen und das Problem auf friedliche Weise lösen. Er war eigentlich ein Wheeler-Dealer. Meine Mutter nannte das «Küngeln». Heute würde ich sagen, es war seine beste Zeit. Ein Abenteuer ohne Regeln. Er war der König des Schwarzmarkts, ein Beschaffer, ein Besorger. Er organisierte Dinge, die alle klappten. Nicht nur für uns, auch für andere, denn er war sehr großzügig. Ich weiß nicht, wie vielen Menschen er half. Und er war einer der Ersten, die wieder ein Auto besaßen. Er arbeitete als Ingenieur für die Zuckerindustrie, ein wichtiger Posten für das Volkswohl, weshalb er auch einen Wagen bekommen hatte.

Ihm gelang es, Dinge auf eine Art und Weise zu beschaffen, dass er niemals aufflog. Er ging so dreist vor, dass niemand auf die Idee kam, dass er etwas Illegales tat. Und er selbst hätte es auch nie «illegal» genannt. So fuhr er etwa mit einem halben Schwein unabgedeckt in einem Hänger durch die Stadt. Ich kann nur ahnen, wie viele Menschen davon gegessen haben. Das war mit Sicherheit nicht nur für unsere Familie ein Segen! Mein Vater war bürgernah. Er war mit dem Schlachter und dem Wirt genauso gut befreundet wie mit dem Zuckerfabrik-Direktor, dem Herrn Doktor.

So oft, wie es möglich war, begleitete ich ihn auf seinen Geschäftsreisen. Das hieß: morgens sehr früh los, ein Paket geschmierter Brote auf dem Schoß, abends zurück. Aber mein Vater fuhr nicht einfach nur los. Der Wagen, immer ein Mercedes, wurde zuerst mit einem Wedel abgestaubt, innen und außen. Dann wurde vorne in eine Vase, die in einer Halterung steckte, eine Blume deponiert. Das war ihm besonders wichtig. Zwischendurch hielten wir in kleinen Dörfern beim Schlachter an, wo er mit großem Jubel begrüßt wurde. Oft wechselte eine Tüte mit braunem Zucker den Besitzer. Auch die Landleberwurst fand einen neuen Besitzer. Ich bekam ebenfalls reichlich Sachen zum Essen zugesteckt, sodass wir die geschmierten Brote gar nicht schafften. Sie wurden dann später, wieder zu Hause, von den Geschwistern in kleine Viertel geschnitten und als «Hasenbrote» verzehrt.

Meine Geschwister waren nicht so wild auf diese Geschäftsreisen, und das hatte auch einen Grund. Mein Vater parkte sein Auto oft in der Nähe der Fabrik und verschwand. Dann ließ er sich stundenlang nicht blicken. Als

Kind musste man mit dieser Wartezeit etwas anfangen können. Ich hatte kein Problem damit. Ich stieg aus und betrachtete alles, was um mich herum wuchs. Bis heute habe ich deswegen ein freundschaftliches Gefühl Unkraut gegenüber. «Un»kraut gibt es nicht für mich, denn es ist etwas, das die Natur hervorgebracht hat. Etwas, das den Winter überstanden hat. Das noch aus der kärgsten Mauerspalte des Fabrikgebäudes hervorschießt.

In diesen Wartezeiten pflückte ich Sträußchen, für meine Mutter. Oft auch im Winter, ich fand immer etwas. Das ist auch heute noch so. Meine Augen sind stets auf den Boden gerichtet. Da ist so vieles zu entdecken, denn es muss ja nicht immer eine Rose sein. Einmal gab es eine Zeit, in der ich auf Ibiza lebte, als Ibiza noch «Ibiza» war. Ich hatte dort ein Domizil, und man sagte hinter meinem Rücken oder auch mir direkt ins Gesicht: «Monika ist auf der Insel. Das sieht man an der Schneise quer über die Insel.» Und es stimmte. Ich hatte kaum Kleidung dabei, trug meist die Kleider meiner Freunde, aber ich hatte wilden Spinat im Rucksack, wilden Spargel, Rauke vom Wegesrand, Thymian und Mengen von Rosmarin aus den Wäldern. Unbehandelte Zitronen. Und bittere Schweineorangen, aus denen ich die herrlichste Orangenmarmelade machte. Es war auch schon vorgekommen, dass mir der Saft der kurz vor der Abreise geernteten Nisperos, der Japanischen Wollmispel, hinten aus dem Rucksack tropfte. Der Anfang dieser «Ich guck mal auf den Boden und finde etwas Leidenschaft» lag offensichtlich in den stundenlangen Wartezeiten auf den Geschäftsreisen meines Vaters. Kornfelder – damals wuchsen in ihnen noch Mohn- und Kornblumen sowie Gräser – waren für mich ein Wunderland. Ich war ein Stadtkind, und Zuckerfabriken befanden sich auf dem Land.

Auf manche Geschäftsreisen durfte ich meinen Vater nicht begleiten. Dann hörte ich spät in der Nacht, wie der Chauffeur meinen Vater die Treppe hinaufschleppte, die Arme um dessen Schultern gelegt. Die nächtliche Erste Hilfe bestand nach einer solchen Geschäftsreise darin, Bullrichsalz aus dem Küchenschrank zu holen, in Wasser aufzulösen und das Getränk dem «Patienten» gegen seinen Willen zu verabreichen. Weiterhin: die Essigflasche mitzunehmen. Das Waschbecken mit kaltem Wasser zu füllen und viel Essig hineinzuschütten. Viel, viel Klopapier bereitzulegen. Bei dem unweigerlich erfolgenden Nasenbluten musste Essigwasser in die Nase hochgezogen werden, bis die Blutung gestillt war. Alle Blutspritzer an den Kacheln und dem Waschbecken wurden anschließend mit dem Klopapier sorgfältig entfernt. Es mussten auch mehrere Handtücher in kaltes Wasser getränkt werden, danach wurden beide Waden meines Vaters in regelmäßigen Abständen stramm gewickelt. Erwärmten sich die Handtücher, mussten sie sofort gegen kalte ausgetauscht werden. Das war so lange fortzuführen, bis der «Patient» aufhörte, mit den Beinen gegen das Bettende des Eisenbetts zu schlagen. Dauer: circa eine Stunde. Währenddessen hatte man ein großes Trinkgefäß mit einer Mischung aus Marmelade, Essig und kaltem Wasser zu füllen – am besten gleich zwei – und griffbereit ans Bett zu stellen. Bei einem eventuellen Wunsch nach einem Bad musste in die Wanne lauwarmes Wasser, aber nicht zu viel. Dabei war darauf zu achten, die Zeitung vor meinem Vater zu verstecken, denn er nahm sie immer mit in die Wanne. Falls das nicht gelang, hatte man die aufgeweichte Zeitung sorgfältig aus dem Wasser zu fischen, ehe man den Stöpsel zog. Nasses Papier verstopfte nämlich die Rohre, und zwar total. Oberste Priorität aber war, über die nächtlichen Aktionen tiefstes Schweigen bewahren.

Anders waren die Nächte, in denen mich mein Vater aus dem Tiefschlaf holte. Er flüsterte «Ziege», so nannte er mich durchaus liebevoll, und tippte mir sanft auf die Schulter. Ich stand in Sekundenschnelle auf, barfuß und im langen weißen Nachthemd, und folgte ihm in das Herrenzimmer. Es gab auch ein Damenzimmer, das durften wir Kinder betreten, dort hielten wir uns abends auf und spielten häufig stundenlang Karten. Das Herrenzimmer war aber für uns tabu. Ein großer Bücherschrank mit Glastüren bedeckte eine Wand, und es war uns verboten, jemals diese Türen zu öffnen und Unordnung in die Bücher zu bringen. Im Laufe der Jahre holte ich mir aus ihm meine gesamte Lektüre – und wurde nie erwischt. Schon sehr früh las ich Bücher, die ich noch gar nicht verstehen konnte, aber ich verschlang sie trotzdem. Jede Seite, jede Geschichte lösten einen nicht zu unterdrückenden Suchtfaktor in mir aus. Noch heute lese ich alles, was herumliegt, selbst Werbung.

Damals aber saß ich leicht fröstelnd in einem der tiefen Herrensessel, die Beine angezogen und unter dem Nachthemd versteckt. Mein Vater hatte sich mir gegenüber platziert, die Hände ruhten entspannt auf der breiten Armlehne. Er bewegte sie nur, wenn er nach dem mit Moselwein gefüllten Glas griff. Mit seinen ungewöhnlich blauen Augen schaute er in die meinen, fast ohne zu zwinkern, so erschien es mir. Dadurch war es mir nicht möglich, meinen Blick durch das Zimmer schweifen zu lassen. Nicht einmal zu der Vitrine mit den kostbaren Porzellangegenständen, die ich mir oft heimlich ansah. Plötzlich begann mein Vater zu sprechen. Sehr leise, wir befanden uns ja in einer Geheimaktion. Das war mir schon klar. Und dass meine Mutter diese Geheimaktionen sofort unterbunden hätte, war mir auch klar. Ihm sowieso. Das war eine Sache zwischen ihm und mir. Einerseits fühlte ich mich gegenüber meinen Geschwistern bevorzugt, andererseits verstand ich kein Wort von dem, was er sagte. Er hätte auch in einer fremden Sprache zu mir sprechen können, es hätte keinen Unterschied gemacht.

Irgendwann liefen ihm Tränen über die Wangen. Ich kannte das schon und blieb bewegungslos sitzen, hielt seinem Blick stand. In dieser Familie wurden keine Zärtlichkeiten ausgetauscht, sonst hätte ich ihn vielleicht umarmt. Als ich schließlich vor Kälte am ganzen Körper zitterte, sagte er: «Du kannst jetzt gehen.»

Heute weiß ich, ich saß einem schwer traumatisierten Mann gegenüber. Einem Menschen, der, wie so viele, die Schrecken des Krieges nicht überwinden konnte. Mit seiner Frau, meiner Mutter, konnte mein Vater nicht darüber sprechen. Ich höre sie noch sagen: «Hans, du sollst doch nicht davon erzählen. Dann muss ich immer weinen.» So blieb ihm nur seine kleine Tochter, die nicht begriff, über was er redete, die jedoch dieses Geheimnis wahrte. So lange, bis ich ins Teenageralter kam. Da wollte ich auf einmal nicht mehr. Ich lauschte auf seine Schritte, wenn er, leicht torkelnd, nach Hause kam, augenblicklich ahnte ich: Jetzt geht es wieder los. Schnell schlüpfte ich aus dem Bett und versteckte mich hinter den bodenlangen Gardinen im Esszimmer. Oder unter dem riesigen Esstisch, der nach den Mahlzeiten mit einer langen Decke abgedeckt wurde. Oder unter dem Sofa im Wintergarten. Manchmal lief ich auch in den Keller. Wenn er an meinem Versteck vorbeiging, ich seine Schritte hörte und spürte, dass er nach mir suchte, schlug mein Herz wie verrückt. Oft dachte ich, das muss er doch hören! Er rief mich dann mit sehr leiser Stimme. Das tat mir weh, so wahnsinnig weh – aber ich wollte diese nächtlichen Sitzungen nicht mehr, denn ich war ihnen entwachsen. Sie hätten mich zurückgeworfen, und ich wusste, ich wäre dann in einem Bannkreis gefangen, niemand würde mir aus ihm heraushelfen. Aus diesem Grund fühlte ich mich zu diesem schmerzhaften und unfairen Versteckspiel vor ihm gezwungen.

Teilte er dieses Geheimnis auch mit meinen Geschwistern? Ich weiß es nicht. Bislang habe ich darüber geschwiegen. Aber heute hätte ich meinen Vater in die Arme genommen und mit ihm geweint.

Später, viel später, stand er plötzlich eines Morgens sehr früh vor meinem Bett, überreichte mir eine große Orange, die damals noch Apfelsine hieß, und sagte: «Wenn du mal in Schwierigkeiten geraten solltest, ich helfe dir, ohne zu fragen.» In dieser Familie, in der man niemals über private Befindlichkeiten redete, weil das als Belästigung des Gegenübers angesehen wurde, war das eine Liebeserklärung.

Damals hatte ich mich geradezu kopflos in einen wesentlich älteren Mann verliebt, meine ersten Liebesnächte wollte ich mit ihm verbringen, mit einem erwachsenen Mann, und nicht mit einem feuchthändigen, pickeligen Jüngling. Diese erwartungsvollen Jünglinge waren ständig um mich herum – meine Brüder! Leider war dieser Mann verheiratet, was in meinem Plan nicht vorgesehen war. Die kurzen Telefonate mit ihm konnten, und daran hatte ich in meinem Liebeswahn nicht gedacht, vom Telefon meines Vaters in seinem Büro mitgehört werden.

Mein Vater hatte mir mit dem Überreichen einer Orange ein besonderes Versprechen gegeben, und ich war dankbar.

AUF ZU
NEUEN UFERN

In meinen Erinnerungen kehre ich zurück zu meinen Jahren im Hotel. Das Leben bei meiner Mutter mit meinem kleinen Sohn hatte eine gewisse Regelmäßigkeit und auch Ruhe bekommen. Oder ist Routine das bessere Wort? Meine Trauer ließ nach. Meine amerikanische Heimat, die ich sehr geliebt hatte, drängte ich in den Hintergrund, und ich fasste langsam wieder Vertrauen zu mir, zu dem, was ich tat. Konkrete Pläne für meine Zukunft hatte ich aber nicht. Ich verharrte eher in einem «Ist-Zustand», strebte auch nicht nach einer Veränderung.

In meinem Kleiderschrank hingen wieder elegante Sachen, die ich selber genäht hatte. Ich begann, nach draußen zu gehen, und traf mich mit Freundinnen, die ich von früher kannte. Wir waren inzwischen alle Mütter geworden und teilten gemeinsame Interessen, die sich meist um die Kinder drehten oder um die guten oder schlechten Ehen. Meine Geschichte hielt ich weitgehend unter Verschluss, was mir viele bissige Bemerkungen einbrachte, aber ich blieb dabei. Ich hatte keine Lust, bei gedecktem Apfelkuchen und unzähligen Tassen mit tiefschwarzem englischem Tee, wie es damals modern war, meine «Traumata» auszubreiten.

Eines Tages, es war der 16. März, mein Geburtstag, ging ich in das gläserne Büro des grimmigen Küchenchefs, um etwas zu erledigen. Ich sah eine Geburtstagstorte auf seinem Schreibtisch. Mit seinem Namen verziert. «Oh», sagte ich. «Sie haben heute Geburtstag? Herzlichen Glückwunsch. Ich übrigens auch.» Mit einer ungeduldigen Handbewegung wischte er mich aus seinem Büro. Du Arsch, dachte ich. Kurze Zeit später erschien er in meinem Büro. In den Händen trug er, vorsichtig wie eine kostbare Opfergabe, eine kleine Torte mit brennenden Kerzen und sagte: «Herzlichen Glückwunsch! Und Entschuldigung!» Dann zog er sich mit einem schiefen Grinsen, als hätte er etwas unpassend Privates von sich gegeben, zurück. Rückwärts und leicht gebeugt, als würde er um Vergebung bitten. Anschließend richtete er sich zu voller Größe auf – und rums! Er hatte sich den Kopf so heftig an der Türkante gestoßen, dass er zu Boden ging. Da lag ein zwei Meter zwei Zentimeter langer Kerl in schneeweißer Uniform mit dem Gesicht nach unten stöhnend vor meinem Schreibtisch. Neben ihm der gefühlt fünf Meter hohe Kochhut, und auf dem Kopf des Opfers bildeten sich kleine Blutstropfen. Heute würde ich sagen, irgendein energischer Engel hat ihn damals geschubst und gesagt: «Du Idiot, dann sprich sie doch an, wenn du so in sie verliebt bist!»

Der Anfang war jedenfalls gemacht, und es folgte eine fünfzig Jahre währende Verbindung. Mit hohen Höhen und tiefen Tiefen. Einmal rund um den Globus. Mit Trennung und Sich-Wiederfinden. Mit Wut-, vielleicht sogar zeitweise Hassgefühlen. Aber mit einem ewigen Heimweh nacheinander. Wie zwei Magneten, die selbst im größten Gewühl immer wieder aneinander andocken. Nur eines bekamen wir nie so richtig hin: eine ruhige, gemütliche, bürgerliche Ehe zu führen. Dafür hatte wohl auch der energische Engel gesorgt, denn das lag uns beiden nicht.

In den Hotels waren damals private Verbindungen nicht gern gesehen, eigentlich sogar verboten. Damit sollten, wie meine Mutter sagen würde, Küngeleien zwischen den einzelnen Abteilungen unterbunden werden. Also trafen wir uns in der ersten Zeit geheim. Eine Verbindung zwischen dem Küchenchef, dem drittwichtigsten Mann in der Hotelhierarchie, und der kleinen Room-Service-Frau «Unwichtig» war überhaupt nicht denkbar. Darum wurde unsere Romanze auch lange nicht entdeckt. Als er schon lange bei mir übernachtete und zum Ärger meiner Schwester immer seine nach Küche riechende Uniform in ihr Zimmer hängte (sie kam nur ab und zu nach Hause), ahnte es noch keiner. Erst als eine neugierige Telefonistin, die selber eine heimliche Beziehung mit jemandem an der Rezeption führte, ein Gespräch zwischen uns mithörte und ausplauderte, platzte die Bombe. Schnell fragte mich mein überaus romantisch veranlagter Zukünftiger im Auto bei einem mühsamen Einparkversuch (er konnte das wirklich nicht gut): «Sag mal, willst du nicht Frau Fuchs werden? Das wäre doch viel einfacher.» Was sollte ich darauf antworten? «Ja», natürlich. Also klemmte mich mein nicht sehr romantischer, aber pragmatisch veranlagter Zukünftiger unter den Arm und schleppte mich zum Generaldirektor. «Darf ich vorstellen, meine zukünftige Frau!» Bei der Verlobungsfeier am Esstisch in der Wohnung meiner Mutter fragte Martin: «Onkel Roland, wann heiraten wir?»

In den Tagen danach gab es viele vor Erstaunen offene Münder. Meine Freunde aus der Küche zeigten mir die kalte Schulter. Sie gingen davon aus, dass ich dem gestrengen und gefürchteten Küchenchef schon lange all unsere Streiche erzählt hatte. Hatte ich natürlich nicht. Es kostete mich einige Anstrengungen, sie davon zu überzeugen. Und es kostete mich auch einige herbe Streiche, an denen ich aber gerne beteiligt war.

Viele Jahre später beichtete ich meinem Mann diese Streiche. Er lachte, konnte gar nicht wieder aufhören, und meinte, wir hätten entschieden mehr Spaß gehabt als er. Es muss für ihn in seinem gläsernen Bürokasten oft sehr einsam gewesen sein. Da half auch nicht der Applaus, den er als jüngster Küchenchef Deutschlands in einem großen internationalen Hotel bekam. Hätte mir damals eine Fee ins Ohr geflüstert, auf was ich mich mit diesem großen Kerl einließ, hätte ich dann gezögert? Nein, weil ich der Fee einfach nicht geglaubt hätte!

Gemeinsam fuhren wir in seine Heimat, damit ich seine Familie kennenlernte. Sie wohnte in der südlichsten Spitze des Schwarzwalds, in einem engen Tal, dessen Straße sich mit vielen Kurven in die Berge hinaufschlängelte. Seine Mutter betrieb einen Landgasthof, heute ein berühmtes Hotel, geführt in vierter Generation. Eine große, blonde Frau mit einem auffallend schönen Gesicht empfing uns an der Wirtshaustür. Sie schob mich resolut zur Seite und fragte: «Wo ist Monika?» Ich wollte gerade sagen: «Hier, ich bin hier», da erklärte mein zukünftiger Mann: «Die gibt es nicht mehr. Dieses ist eine andere Monika. Meine zukünftige Frau.» Er hatte vergessen, seiner Mutter mitzuteilen, dass er mit meiner Vorgängerin gleichen Namens gebrochen hatte und ich nun die «neue Monika» war. Eisiger konnte die Miene meiner zukünftigen Schwiegermutter gar nicht werden. Jedenfalls nahm ich das an. Aber nein, es ging durchaus noch eisiger. Noch sehr viel eisiger. Mir wurde kein «Herzlich willkommen in der Familie» oder «Schön, Sie kennenzulernen» geboten. Stattdessen wurde mir bedeutet, mich auf eine Bank zu setzen, die so schmal war, dass ich nach kurzer Zeit jeden Knochen meines Hinterns fühlen konnte. Und der große schwere Tisch davor sorgte dafür, dass ich mir erst einmal schmerzhaft die Kniescheibe anschlug. Dann wurde ich vergessen. Ich saß da, stumm, Stunde um Stunde. Die Gespräche, bei denen alle inzwischen aufgetauchten Familienmitglieder durcheinander oder gleichzeitig redeten, wurden in dem dortigen Dialekt geführt, in Alemannisch. Ich verstand kein Wort. Auch nichts von dem, worüber geredet wurde. Spätestens zu diesem Zeitpunkt hätte ich die Flucht ergreifen sollen.

Mein wild gestikulierender Zukünftiger saß neben mir – wie hatte er es nur auf die enge Bank geschafft? Sein breiter Rücken verdeckte mir die Sicht auf die anderen Personen am Tisch, und er wurde im Laufe des nicht enden wollenden Abends immer breiter. Na klar, Platzmangel. Also nahm er noch meinen halben Platz mit ein. Falls ich noch immer die Idee gehabt hätte zu fliehen, ich wäre gar nicht in der Lage gewesen, mich aus der Enge zu befreien. Das war also der von ihm so oft beschriebene Familientisch. An ihm saß die ganze Familie bei jeder Mahlzeit zusammen. Die Schwiegermutter in spe auf einem bequemen Stuhl am Kopfende, im Hintergrund der Gastraum. Näherte sich ein Gast, wurde er überschwänglich, auch auf Hochdeutsch, begrüßt und hofiert.

Einsamkeit ist nur ein Wort – bis man sie einmal erfahren hat. An diesem unerträglich eng besetzten Tisch fühlte ich mich wie auf einer Eisscholle, vergessen allerdings. Und ich hatte mich auf eine große, warmherzige Familie gefreut, von der mein zukünftiger Ehemann mir so viel erzählt hatte. Später, als ich mit knurrendem Magen im Bett lag – ich hatte mich nicht getraut, mit der Meute um Essen zu kämpfen –, legte sich mein Liebster genüsslich neben mich in das schmale Bett, wieder verdammt eng, das Ganze, und schwärmte von diesem schönen Abend. Innerlich hatte ich gerade die Trennung vollzogen. Da öffnete sich die Tür, und mein zukünftiger Schwager betrat, ohne zu fragen, das Zimmer. Er betrachtete mich intensiv und sagte: «Schön, sehr schön. War es schlimm? Wird besser.» Er war der erste Mensch dieses Clans, der mit mir sprach, und zwar ohne Dialekt. In all den Jahren habe ich ihm das nie vergessen. Ich beschloss, die Trennung auf morgen zu verschieben.

Wir blieben einige Tage, aber es wurde nicht besser. Allerdings sprach meine zukünftige Schwägerin mit mir. Sie kam aus Bayern, und wie sich herausstellte, kämpfte auch sie um einen Platz in der Familie. Allerdings hatte sie den unschlagbaren Vorteil, dass sie vom Fach war. Sie hatte ihren Mann an einer Hotelfachschule kennengelernt, außerdem war sie mit dem zukünftigen Wirt in der Generationenkette verheiratet. Das brachte ihr im Moment noch keinen Vorteil, aber sie konnte hoffen. Als dann aber meine zukünftige Schwiegermutter ihrem Sohn eröffnete, dass ich erst einmal ein halbes Jahr im Betrieb arbeiten solle, um zu sehen, ob ich passte, bekam ich einen Schreianfall. Sofort versicherte er mir, dass ich das auf keinen Fall müsse. Er hatte ganz andere Pläne. Von denen ich allerdings nichts ahnte.

Die Hochzeit sollte natürlich im Schwarzwald stattfinden, im elterlichen Betrieb. Mein Liebster wollte das so. Er wurde eines Besseren belehrt. In dem Kloster, in dem mein Mann jahrelang Messdiener gewesen war, wurde ihm vom zuständigen Pfarrer gesagt, sein ausgestreckter Zeigefinger wies dabei auf mich: «Kannst du nicht ein anständiges katholisches Mädchen heiraten statt der da?» Ich war evangelisch, geschieden und hatte zudem ein Kind. Als wir fluchtartig den Raum verließen, rief er noch, die weiteren Kinder müssten aber katholisch werden. Nach dieser Maßregelung fuhr mein Liebster wie ein Wahnsinniger in dem für ihn viel zu engen Volkswagen seines Stiefvaters die Berge rauf und runter. Und war nirgends ein Weg, ging es quer über die Weide. Eigentlich hätte in diesem Moment unser gemeinsames Leben zu Ende sein können, was aber nicht von uns gewollt war.

Wir heirateten in meiner norddeutschen Heimatstadt, getraut von einem Jesuitenpriester und seinem evangelischen Kollegen. Die sich übrigens prächtig verstanden und alles als eher originell betrachteten. Mein Mann wurde exkommuniziert, was ihn die erste Zeit sehr bedrückte, dann aber in Vergessenheit geriet. Als er Jahre später arglos seine dörfliche Kirche betrat, um eine Messe für die Toten zu besuchen, folgte ihm jener Pfarrer bis nach Hause. Mit strenger Stimme und erhobenem Zeigefinger erinnerte er ihn an sein Hausverbot. Dieser Pfarrer konnte froh sein, dass ich nicht an der Messe teilgenommen hatte. Ich war nicht mehr die naive, schüchterne junge Frau, der er Angst einjagen konnte. Ich hätte ihn an einen Stuhl gefesselt und mit ihm Christlichkeit diskutiert.

In den folgenden Jahren verweigerte ich ihm jedes Mal

den Händedruck, wenn ich ihm begegnete. Und im Dorf begegnete man sich oft. Als ich bei einer Feier neben seinem Nachfolger saß und ihm all das erzählte, beteuerte er mir, dass mein Mann selbstverständlich auf dem hiesigen Friedhof mit allem kirchlichen Segen beerdigt werden könne. Und auch ich, wenn ich es wünschte. Als ich ihn daraufhin heftig und herzlich umarmte, hatte ich wieder Minuspunkte erworben. Einen Pfarrer umarmt man nicht. Und als er mir als Erster bei der Christmette in der kleinen Kapelle unseres Ortsteils das Abendmahl reichte, bekam er, glaube ich, ebenfalls Minuspunkte.

Zu unserer norddeutschen Hochzeit reiste die Schwarzwälder Familie an. Im großen Stil. Meine Schwiegermutter trug Nerz und hing am Arm der Schwägerin, auch in Nerz gewandet. Während der Feier lernte ich meinen bescheidenen Schwiegervater näher kennen, mit dem ich mich im Laufe der Jahre sehr eng befreundete. Er stand im Schatten seiner großen Frau, aber uns verband die Liebe zur Literatur und zur klassischen Musik. Er war «nur» ein Dorflehrer, was ihm nie verziehen wurde, da er partout nicht Wirt sein wollte. Sogar der alte Götti, der Patenonkel meines Mannes, erschien von weit her in einem schwarzen Gehrock. Zu den Gästen zählten auch Freunde aus der Nähe von Paris sowie mein Bruder aus Argentinien, wobei er uns allen die Show stahl. So einen gut aussehenden Mann hätte jede Frau gern für sich gehabt. Als ich das meinem Bruder sagte, grinste er und meinte, er sei nur zum richtigen Zeitpunkt auf die richtige Stelle seines Körpers vom Pferd gestürzt. Alles sei dadurch perfekt wiederhergerichtet worden.

Der Schwarzwälder Clan hatte riesige Mengen an lokalen Köstlichkeiten mitgebracht, vom Schinken im Brotteig bis zur Gänseleberterrine. Das hatte zur Folge, dass mein Mann und ich unsere Flitterwochen an die Ostsee nicht antraten. Wir verschanzten uns mit all diesen Köstlichkeiten in unserer neuen Wohnung und betrieben Völlerei. Und die vielen Blumensträuße mussten ja auch gepflegt werden. In der nächsten Drogerie kaufte ich Bräunungscreme, und als wir eine Woche später wieder ins öffentliche Leben traten, sahen wir wunderbar gesund aus.

Vor der Hochzeit hatte ich für alle Frauen meiner Familie genäht. Das konnte ich ja. Jede von ihnen sah aus wie aus einem Modemagazin. Mein Brautkleid nähte mir eine Freundin, die das Fach auch beherrschte. In diesem Kleid heiratete dann später eine meiner Schwiegertöchter. In den Tagen unserer Hochzeit zogen wir uns ständig um. Standesamt, Polterabend, Hochzeit, ein Essen am Tag danach. Mein Mann trug in der Kirche einen klassischen Cut, dazu einen Zylinder, den ich peinlich fand. Aus dem Zweimeterzwei-Mann wurde ein Riese. Und die lokale Zeitung machte ihn in einem Artikel noch gleich viel größer; mir wurden aber auch zehn Zentimeter Länge mehr angedichtet.

Während der Zeremonie in der Kirche machte ich mit einer mir bislang unbekannten Seite meines Mannes Bekanntschaft. Mit dem Rücken zum Kirchenraum und dem Gesicht zum Altar weinte er, hemmungslos, ohne zu zittern oder zu schluchzen. Ihm rannen die Tränen in Strömen über das Gesicht. Kaum war die Zeremonie beendet, trocknete er sich das Gesicht und ging mit dem strahlenden Lächeln eines Siegers den Gang hinunter und unter dem Spalier hindurch, das das Hotelpersonal mit Kellen und Kochlöffeln gebildet hatte. Ruhig, unerschütterlich, fast unemotional. Ein Schauspieler par excellence. Diese Gabe rettete uns in den folgenden Jahren einige Male aus kritischen oder sogar gefährlichen Situationen. Er konnte sich kleinmachen, sodass sich sein Gegenüber, ein winziger Gartenzwerg, riesig fühlte – und somit überlegen. Dann wiederum konnte mein Mann blitzschnell doppelt so groß wirken, wie er eigentlich war, und dabei völlig unschuldig oder entsetzt schauen, als würde er sich vor etwas fürchten. Er konnte aber auch einfach nur regungslos gucken, sodass sein Gegenüber flehentlich die Hände hob – bitte, tu mir nichts! Sein größter Clou waren seine flehenden Hände, die nicht gerade klein waren. Wenn er sie aneinanderlegte, dabei sein Gegenüber von unten nach oben ansah, den Rücken leicht gekrümmt, war das so überzeugend, dass man ihn sogar in Saudi-Arabien schnell wieder aus dem Gefängnis entließ oder ein vor Wut schäumender Herrscher eines gefährlichen Landes, der eine Fliege in seinem Getränk entdeckt hatte, zum zahmen Dauergast im Hotel meines Mannes wurde.

Das Highlight der Hochzeit war eigentlich der Polterabend zuvor. Es wurde getanzt, gelacht, es wurden die Schwarzwälder Spezialitäten genossen, aber die beiden Familien – die meines Mannes und meine eigene – kamen sich keinen Zentimeter näher. Meine Schwiegermutter hielt in einer Ecke Hof, umringt von ihrem Clan. Und meine Familie traute sich nicht in ihre Nähe. Aber es gab genug unbefangene Gäste, um das Fest sehr lustig werden zu lassen. Einen gewissen Höhepunkt stellte noch die Hochzeitsrede dar, die selbstverständlich meine Schwiegermutter hielt. Sie begann mit den Worten: «Heute ist der Hochzeitstag meines geliebten Sohnes Roland.» Jener angesprochene Roland zupfte sie am Ärmel und erklärte: «Monika und Roland.» Ein weiterer Höhepunkt war, als sie mich in ein Nebenzimmer zog, um mir mitzuteilen, dass ich genau das sei, was sie nie für ihren Sohn gewollt habe. Eine reiche Wirtstochter wäre eine wesentlich bessere Wahl gewesen. Meine Antwort: «Dich habe ich mir auch nicht als Schwiegermutter gewünscht», verklang leider ungehört, denn ich traute mich erst, sie zu äußern, als mir schon die Tür vor der Nase zugeschlagen worden war.

Über die achthundert Kilometer, die unsere Wohnorte trennten, war ich sehr froh. Die häufigen Telefonate, die Roland mit seiner Mutter führte, störten mich nicht, drehten sie sich doch ausschließlich um ihren Gasthof. Nur wenn er mir jedes Mal den Inhalt der Gespräche nacherzählte, bekam ich leichtes Nervenklappern. Es war mir so egal, ob sie noch ein Gürkli mehr auf den Vesperteller legen wollte oder statt «Mischtchatzerle» lieber «Huhn» auf die Menükarte schreiben sollte. Ich wollte das alles nicht wissen; mich wehte dann ein eisiger Wind an. Meine so offen gezeigte Ablehnung konnte ich nicht verhindern. Wäre ich doch damals schon so weit gewesen wie heute ...

Wir genossen unsere erste gemeinsame Wohnung mit Martin, der sieben Jahre alt war und in Hannover eingeschult wurde. Mit viel Liebe und Bedacht und gleichzeitig aufgeregt suchten wir jedes neue Möbelstück aus. Ich arbeitete nicht mehr im Hotel, da Ehepaaren die Zusammenarbeit nicht erlaubt war. Dafür empfing ich meinen Mann jeden Tag nach der Arbeit mit einem englischen Tee oder einem Sherry. Er genoss dieses Verwöhnt-Werden, denn für sich selbst hatte Roland nie etwas getan. Die eigene Vernachlässigung, was solche Dinge betraf, erklärte sich mir leicht. Aufgewachsen an dem berühmten «Familientisch», immer freundlich buckelnd vor dem Gast, mit einer Mutter, die nur ihre eigenen Ziele verfolgte, passierten Dinge, die nicht hätten passieren dürfen. So wurden die Folgen eines schweren Unfalls nicht korrekt behandelt, weshalb Roland unter chronischen Schmerzen litt – lebenslang – und eine enorme Menge Medikamente einnehmen musste. Als er anfing, körperlich in die Höhe zu schießen, begann er zu stottern. Bei unserem Kennenlernen stotterte er noch manchmal, wenn er sehr aufgeregt war. Und die Schande, nicht selbstständig zu sein und kein eigenes Lokal zu haben, lastete schwer auf ihm. Angestellt zu sein und irgendwo zur Miete zu wohnen, das war nicht der Stil seiner Familie. Also versuchte er zu kompensieren. Wie ein Besessener hatte er sich nach oben gearbeitet, letztlich, um seiner Mutter zu imponieren und von ihr akzeptiert zu werden. Es war schwer, ihm Gemütlichkeit, Ruhe oder gar Muße beizubringen. Das gelang mir erst nach Jahrzehnten.

Einige Wochen, nachdem wir unser gemeinsames Zuhause bezogen hatte, teilte mir mein Mann mit, er werde für ein Semester an die Cornell University in Ithaca, New York, gehen, um sich im Bereich Hotel-Management weiterzubilden. Er habe ein Stipendium bekommen, aber das Leben dort werde dennoch einiges kosten. Da er jahrelang, egal in welchem Land er gerade war, die Sommersaison in der elterlichen Küche gearbeitet hatte, wollte er nun das angesammelte Geld einfordern. Seine Mutter sagte, das sei verjährt. Roland wollte deswegen vor Gericht gehen, doch ich riet ihm dringend davon ab; einen juristischen Streit innerhalb dieser Familie wollte ich uns nicht zumuten. So fuhr ich ihn nach Brüssel, weil er von dort am billigsten in die USA kommen konnte. Wir hatten alles Geld, was wir zusammenkratzen konnten, auf einen Haufen gelegt, und ja, es würde reichen. Nach meiner Rückkehr aus Brüssel fiel mir glühend heiß ein, dass ich nicht an unsere Miete gedacht hatte. Was ich damals noch nicht wusste: Mein lieber Mann hatte kein Verhältnis zu Geld. Für sich selber brauchte er nicht viel, shoppen interessierte ihn nicht. Außer gutem Essen war er bedürfnislos, und das bekam er reichlich in den Hotels, in denen er arbeitete. Also fing ich wieder an zu nähen. Ich nähte wie besessen, manchmal ganze Nächte durch. An Kundinnen fehlte es mir nicht, da ich die Modelle selbst entwarf, und das war damals sehr gefragt. Als mir mehrere Male hintereinander beim Öffnen des Kühlschranks und beim Anblick der Gummiumrandung der Tür schlecht wurde, wusste ich: Ich war schwanger. Bei Rolands Rückkehr saß ich schon mit einem recht strammen Bauch an der Nähmaschine. Und beim letzten Kostüm, das ich für die Frau eines stadtbekannten Fabrikanten nähte, gingen mir die Nerven durch. Ich trampelte mitten in der Nacht auf dem halb fertigen Kleidungsstück herum, zerriss es und attackierte es mit der Schneiderschere. Dazu weinte ich lautlos, denn mein Mann brauchte seinen Schlaf und nicht meinen Wutanfall. Am nächsten Tag ging ich in den Stoffladen, kaufte das teure Material noch einmal und nähte das Kostüm neu. Das war das letzte Mal, dass ich für Geld nähte.

Heute kann ich nicht einmal mehr einen Knopf annähen. Ich weiß zwar, wie es funktioniert, aber mein innerer Widerstand ist einfach zu groß. Ich hatte mich «übernäht». Mein neues Ressort wurden die Familienfinanzen. Kurz darauf teilte mir mein genialer Ehemann mit, ich solle schon mal anfangen zu packen. «Wir wandern nach Neuseeland aus», erklärte er mir. Das erste internationale Hotel sollte dort eröffnet werden. Eine ganz große Sache. Vorher sollten wir noch einige Zeit in Australien verbringen, damit Roland dort Personal suchen konnte. Mir fiel gar nicht auf, dass er mich nicht fragte, ob ich einverstanden sei; er teilte mir einfach seinen Entschluss mit. Ich zeigte auf meinen Bauch. «Ach, da nähst du dir irgendetwas, was das verdeckt», meinte er in aller Seelenruhe. Probleme waren dazu da, um gelöst zu werden.

Neuseeland war ein gewaltiger Karriereaufstieg. Man hatte in New York explizit nach ihm für diesen Posten verlangt. Also entwarf ich Kleidung für mich und meinen wachsenden Bauch; ein wenig exotisch, ein wenig anders, aber den Bauch sah man nicht, wenn man es nicht wusste. Leider bekam ich in den Läden in Deutschland keine luftigen Sommerstoffe mehr, es war tiefster Winter und Sommer in Australien und Neuseeland. Inzwischen war ich am Ende des sechsten Monats, und fliegen war eigentlich nicht mehr erlaubt. Da der Hotelkonzern uns aber Sitze in der ersten Klasse gebucht hatte und die lokale Presse über «den größten Küchenchef Deutschlands» geschrieben hatte, wurden wir bevorzugt behandelt.

Auswandern war damals, im Jahr 1968, noch etwas sehr Ungewöhnliches. Ich war grenzenlos glücklich, denn es war genau das, was ich immer gewollt hatte – hinaus in die

Welt. Und nun geschah es. Wir stellten fest, dass Roland und ich eine große Gemeinsamkeit hatten: Fernweh. Meinen Mann quälte es aber nicht so sehr wie mich. Heimweh kannten wir nicht. Nur später nacheinander.

In Frankfurt stiegen wir in den Flieger nach Los Angeles, ein Flug von rund zwölf Stunden. In L.A. übernachteten wir, machten eine Pause, die wir auch dringend brauchten. Ich konnte, schwanger, wie ich war, kaum noch sitzen, und stehen ging erst recht nicht mehr. Roland wusste auch nicht, wohin mit seinen langen Gliedern. Und Martin rannte jubelnd im Flughafengebäude im Kreis herum. Endlich Bewegung! Dazu schmiss er seinen Teddy in die Luft und fing ihn wieder auf. Die Menschen um uns herum lächelten verständnisvoll. Aber Roland wurde streng und wies ihn zurecht, was nicht oft vorkam. Das zeigte mir, auch er war mit seinen Kräften am Ende. Zwar sollten Langstreckenflüge bald alltäglich für uns werden, nur waren wir damals nur zu dritt. Heute würde ich keinen Flug mehr buchen, der länger als drei Stunden dauert. Drei Stunden an einen Sitz gefesselt zu sein, fühlen sich für mich wie sechs Stunden Folter an.

In Los Angeles aßen wir unseren ersten Hamburger. Eine Offenbarung! Und einen Spinatsalat mit Walnüssen. Eine weitere Offenbarung. Martin lag im Restaurant hinter uns auf der Sitzbank und schlief, er bekam von diesen kulinarischen Genüssen leider nichts mit. Er wurde auch nicht mehr wach, als Roland ihn vom Restaurant ins Hotelbett trug. Am nächsten Morgen tranken wir den schlimmsten Kaffee, an den wir uns erinnern konnten, an den wir uns aber im Laufe der Zeit gewöhnten. Und weiter ging es Richtung Sydney, weitere vierzehn Flugstunden. Ich war wieder entschieden «zu dick», mein Mann entschieden zu groß für die Maschine und das Kind entschieden zu klein, um durchgehend artig auf seinem Platz sitzen zu bleiben. Es war kein Vergnügen. Aber wir waren jung, neugierig und wild entschlossen, uns auf dieses Abenteuer einzulassen. Als wir endlich aussteigen durften, hinterließen wir ein Schlachtfeld; ich überlegte mir, wer das wohl alles reinigen würde.

In Sydney fielen wir glückselig in wunderbare Hotelbetten – und schliefen und schliefen. Irgendwann aber machte sich Roland auf, um Personal für Neuseeland ausfindig zu machen. Ihn traf eine herbe Enttäuschung. Kein Australier wollte nach Neuseeland, um dort zu arbeiten, das erschien ihnen wie eine Erniedrigung. Eher war es so, dass die Neuseeländer nach Australien wollten, um dort zu arbeiten. Wie sollte Roland an Personal kommen? Eine hektische, weltweite Suche begann. Mein Mann telefonierte tagelang, und sein Nervenkostüm wurde immer dünner. Bis zur Hoteleröffnung in Auckland war nicht mehr viel Zeit. Erst als wir nach Melbourne zogen, hatte er seine Brigade beisammen. Endlich. Den Souschef hatte er aus Deutschland anwerben können, den Patissier aus Frankreich, den Saucier aus England. Der Entremétier stammte aus Pakistan, der Legumier aus Österreich. Es fehlte nur noch der Rotisseur, der Metzger sowie der Poissonier. Doch am Ende waren auch die restlichen Mitarbeiter für das Team gefunden. Es war unsere neue Familie, nur kannten wir sie noch nicht.

Von Sydney oder Australien sah ich eigentlich nichts – aufgrund einer großen Dummheit. An der Rezeption hatte ich mich nach dem nächsten Strand erkundigt und wie man dort hinkommen könnte. Es klang nicht kompliziert, ich sollte nur einen bestimmten Bus nehmen. Dort sah ich zum erste Mal Surfer – und war hellauf begeistert. Martin tummelte sich, dick eingecremt, im flachen Wasser, denn schwimmen konnte er noch nicht. Wo hätte er es auch lernen können? Aber ich war vorsichtig und setzte mich nah am Wasser in den herrlich weißen Sand. Mein Kleid zog ich hoch und ließ meine winterbleichen Beine von der Sonne bescheinen. Eine wunderbar kühlende Brise streichelte sanft meine Haut. Ich, nein, wir befanden uns mitten im Paradies. Oder in einem schönen Märchen. Ich kannte breite weiße Strände aus Amerika, aber dieser toppte alles. Dazu die braun gebrannten bildhübschen Surfer; es war wie im Film. Dann aber kam das jähe Erwachen. Auf der Rückfahrt im Bus wurde mir etwas schlecht. Nicht so schlecht, dass ich hätte aussteigen müssen, aber eben übel.

Zurück im durch Aircondition gekühlten Hotelzimmer, begann ich plötzlich zu zittern. Mir war eiskalt, und gleichzeitig brannte alles in und an mir. Der herbeigerufene Hotelarzt wurde laut und nervös. Das seien die schlimmsten Verbrennungen, die er je gesehen habe, sagte er. An beiden Beinen. Ich müsse sofort, wirklich sofort ins Krankenhaus. Das werde eine lange Behandlungsgeschichte. Ich wehrte mich mit Händen und Füßen – nur mit den Füßen war es so eine Sache. Ich konnte nicht in eine Klinik, es war unmöglich, Martin alleine zu lassen, und Roland war viel zu beschäftigt, um sich um ihn zu kümmern. Zugute kam mir mein perfektes Amerikanisch, sonst hätte ich mich nicht so wortreich widersetzen können. Ich gewann den Zweikampf und bekam starke Medikamente verschrieben, die ich aber wegen des Babys nicht schluckte. Ich musste den Sonnenbrand aushalten. Solange ich die Beine hochhielt, zum Beispiel an die Wand gelehnt, ließ sich der Schmerz ertragen. Aber wie kam ich zur Toilette? Martin, von dem ich damals noch nicht wusste, dass er im tiefsten Inneren ein Erfinder ist, hatte die rettende Idee. Er nahm die Hotelmülltonne aus Metall, polsterte sie mit Handtüchern aus, band eine Schnur drum herum – und fertig war mein zukünftiges Gefährt. Ich setzte mich auf den Boden, legte die Beine auf die Tonne und rutschte damit Stückchen für Stückchen durchs Zimmer. Das Hieven auf die Toilette war allerdings mit einem kurzen, heftigen Schmerz verbunden. Ich stemmte mich hoch zur Toilette, und mein Sohn hob schnell meine Beine zurück auf die Mülltonne. Dass er es mit mir, eingeschlossen im Zimmer, so lange geduldig aushielt, verdankten wir nur dem Fernsehprogramm. Fernsehen mit Kindersendungen in einer Endlosschleife kannten wir damals noch nicht, und für ihn war es eine Sensation. Außerdem bestellte ich ihm über den Room Service alles, was ein Kind bestimmt nicht essen sollte. Jedenfalls nicht jeden Tag. Mein Glück war, dass ich ihm am Strand ein T-Shirt angezogen und ihm morgens im Hotel noch einen lustigen australischen Sonnenhut mit Rückenschutz gekauft hatte.

Als ich endlich, nach gefühlten Monaten, das Hotelzimmer wieder verlassen durfte, musste ich dem gestrengen Arzt versprechen, in den nächsten Wochen nur mit Nylonstrümpfen nach draußen zu gehen. Das war die größte Pein. Meine selbst entworfenen Schwangerschaftskleider waren aus Wolle. Dünne Wolle, aber Wolle. Darunter sollte ich jetzt diese unsäglichen Nylonstrumpfhosen tragen! Heiß war das, alles viel zu heiß. Mir ist im normalen Leben schon alles zu warm; ich schlafe im tiefsten Winter ohne

Heizung bei weit geöffneten Fenstern, und meine Kinder behaupten, sie hätten schon mehrmals Eiszapfen an meiner Nase gesehen. Ich besitze nur ein Paar Socken, die ich aber als Hausschuhe trage. Ich lebe möglichst ganz ohne Heizung, was Besucher leiden lässt. Auch mit meinen jetzt fünfundachtzig Jahren empfinde ich keine wirkliche Kälte. Und nun musste ich in Nylonstrümpfen und Wollkleidern dem herrlichen australischen Sommer begegnen. Ich nahm den Zustand aber als gerechte Strafe für meine Dummheit an.

Roland sah ich kaum noch. Er war in ein eigenes Hotelzimmer gezogen, um uns nicht zu stören. Noch wusste ich nicht, dass das in den nächsten Jahren geradezu ein Dauerzustand sein würde. Mein Mann war an erster Stelle mit seinem Beruf verheiratet. Dann kamen mein Sohn und ich. Zwar geliebt und, wenn wir uns sahen, zärtlich behandelt, aber an keinen konventionellen Ehealltag geknüpft. Ich brauchte lange, um den Zustand als positiv einzuordnen. Ich weiß auch nicht, ob ich mir damals alles schönredete oder ob dieses Konstrukt wirklich seine guten Seiten hatte. Auf jeden Fall konnte ich schalten und walten, wie ich wollte. Ich konnte alles für mich und die Familie entscheiden. Ich musste Roland nie fragen. Keine Ehe in meinem Umfeld war so gestrickt. Berichteten mir Frauen, ihr Mann gebe ihnen zu wenig Haushaltsgeld, kriegte ich große Ohren. Mein Mann brachte am Monatsende sein Gehalt, wie es in Neuseeland und anderen Ländern üblich war, in bar mit nach Hause, legte mir den Umschlag auf den Tisch und fragte nie wieder danach. Er ging davon aus, dass ich das schon richtig einteilte. Über sein Vertrauen freute ich mich, aber es war auch eine verdammt große Verpflichtung.

Jahre später, als Rentner, äußerte er den Wunsch, sich einen Mercedes zuzulegen. Einen großen schwarzen Mercedes. Mit ihm wollte er vor das inzwischen groß und bekannt gewordene Hotel seiner Mutter fahren und der Familie zeigen, dass er durchaus erfolgreich war. Ich verwaltete nach wie vor die Familienfinanzen und hatte überhaupt keine Lust auf so eine Spinnerei. Deshalb sagte ich: «Setzt du dich rein, guckst du raus, fährst du vor, ist keiner zu Hause.» Darüber konnte er sich ausschütten vor Lachen. Aber er wollte partout seinen Mercedes. Also mietete ich Roland den größten Mercedes, den es zu dem Zeitpunkt gab – er passte dennoch nicht gut hinein, er war viel zu niedrig. Aber ich mietete ihm auch noch einen Chauffeur in schwarzer Uniform dazu. Das war ein Freund von mir, ein Mietfahrer für Prominente.

Die beiden fuhren stilecht vor, der Chauffeur öffnete den Schlag, mein Mann betrat den Gastraum. Wie von mir prophezeit war keiner aus der Familie da. Sie aßen und tranken sich einige Tage durch die Speisekarte, und Roland besuchte alte Schulfreunde. Was ich damals nicht wusste: Der Chauffeur, ein gut aussehender junger Mann, bediente sich nächtlich aller Damen, die willig waren. Am Tag war er wieder comme il faut der Chauffeur.

Es wurde höchste Zeit, in Neuseeland anzukommen. Roland war nicht mehr ansprechbar, auch daran gewöhnte ich mich. Vor einer Hoteleröffnung erkannte ich ihn auch nicht mehr, weil ich ihn so lange nicht gesehen hatte. Ähnlich erging es ihm, selbst wenn ich direkt vor ihm gestanden hätte. Er hatte seinen berüchtigten Hoteleröffnungstunnelblick.

Vom Zoll wurde uns ein Schuhlöffel aus Horn, das Geschenk eines arabischen Prinzen aus dem Libanon an meinen Mann, weggenommen und wanderte in den Müll. Ihm folgte die Felldecke, die mein Bruder mir aus Argentinien zur Hochzeit mitgebracht hatte. Ab in den Müll. Alles, was von einem Tier stammte, durfte nicht ins Land. Pflanzen schon gar nicht. Lebensmittel auch nicht. Man hatte uns im Vorfeld nicht gewarnt, und so standen wir ziemlich entsetzt vor dieser Zwangsenteignung.

Dreieinhalb Stunden später stiegen wir in Auckland aus dem Flugzeug und wurden von einem Blitzlichtgewitter empfangen. Es galt wirklich uns, also Roland. Die Reporter fielen über ihn her, und er war von einem Moment auf den anderen wieder ganz der Schauspieler. Kaum hatte er die Situation durchschaut, warf er sich in Position. Ich wurde von seiner großen Hand auf meinem Rücken nach vorne geschoben, eine mir nicht unbekannte Geste. Das hieß: Durch diese Geschichte müssen wir jetzt durch, und bitte keine Klagen. Als Kind hatte er Priester werden wollen. Oder Papst. Roland wollte auf einer sehr hohen Kanzel stehen und allen sagen, wo es langgeht. Nun stand er also auf dem Flugfeld und gab souverän Auskunft über das erste internationale Hotel dieses Landes. Er sagte viel und verriet nichts. Ich habe ihn in vielen Ländern diese Reden halten hören.

Etwas, was wir bei unserer Ankunft in Auckland nicht wussten, war die Tatsache, dass in Neuseeland quasi nichts passiert. So kam die Ankunft eines europäischen Küchenchefs einer nationalen Sensation gleich. Fast nicht zu glauben, aber es war so. Wir wurden in einem zweistöckigen Haus untergebracht, in dem es im Erdgeschoss eine vollständig eingerichtete Küche gab und einen Tisch mit vier Stühlen. Im oberen Stockwerk bestand das Mobiliar aus einem Doppelbett (viel zu kurz für Roland) und einem Einzelbett. Das war alles.

Am nächsten Tag ging ich auf den Schuttplatz neben dem Haus und pflückte mir einen Strauß aus blühenden Unkräutern. Das leere Marmeladenglas, das als Vase dienen konnte, fand ich dort ebenfalls. Das Glas stellte ich mitten ins Zimmer, ein Sofa und Sessel fehlten. Als ein Pfarrer unangemeldet vorbeikam, um uns in der Community zu begrüßen, fand er das sehr originell. Interessiert fragte er, wann denn unsere Möbel ankommen würden. Das alles war ja noch mit Humor zu ertragen. Aber was nachts passierte, und zwar jede Nacht, wurde zum bösen Albtraum. Auf der anderen Seite unseres Hauses befand sich eine viel frequentierte Kneipe. Ich weiß nicht, ob es dort keine Toiletten gab oder diese zu weit weg waren – jedenfalls pinkelte alle paar Minuten ein Mann gegen unsere Hauswand. Direkt unter dem Schlafzimmer. Der Gestank war unerträglich. Das zwang mich leider dazu, Roland, der im Hotel schlief, aus seinem «Ich muss ein Hotel eröffnen, was gibt es denn so Wichtiges?»-Traum aufzuwecken.

Er handelte sofort, schon am nächsten Tag zogen wir in eine voll eingerichtete Villa. Sie befand sich auf einer hohen Klippe mit Blick über die Mission Bay. Vor uns blaues Wasser mit vielen Segelbooten, um uns herum ein gepflegter Garten mit großer Terrasse. In der Küche stand ein silbernes Teeservice, was mich sehr entzückte. Jetzt konnte passieren, was wollte, wir waren angekommen.

Am Tag der Hoteleröffnung wurde ich mit meinem dicken Bauch und allen Kindern der ausländischen Angestellten in ein Hotelzimmer verbannt. Ich sollte die Gruppe in Schach halten, was mir in meiner schwangeren Behäbigkeit sehr recht war. Also machte ich es mir in einem Sessel bequem und schaltete das Kinderfernsehprogramm ein. Doch falsch gedacht. Die erste Wehe rollte über mich hinweg. Nicht zaghaft, sondern heftig. So kannte ich das von meinem ersten Kind nicht. Dieses Kind wollte dringend raus. Die Frau des Hotelmanagers, eine Engländerin, kam angerannt, eine andere Mutter übernahm meinen Job. Da das ganze Hotel von Sicherheitspersonal umstellt war – es wurde viel Prominenz erwartet –, mussten wir den Weg durch den großen Keller nehmen. Ich stützte mich immer wieder an der Wand ab, und die Frau des Managers, eine ehemalige Krankenschwester, redete beruhigend auf mich ein. Auf halber Strecke kam uns Roland mit eiligen Schritten entgegen. «Es geht los», rief ich und wollte mich in seine Arme stürzen. Mit einer abwehrenden Handbewegung rannte er kommentarlos weiter. Da blieb uns beiden, der Engländerin und mir, der Mund offen stehen.

Das Krankenhaus wurde von Nonnen betrieben. Nein, es gab keinen Einlauf und kein Nachthemd, es gab im Kreise einiger Nonnen zuerst einen feinen englischen Tee aus einer Silberkanne. Lachend und sichtlich stolz erklärten sie mir, die sei immer geputzt und nur für Gebärende. Dazu gab es kleine Gurkensandwiches. Als ich mich hinlegen wollte, wurde ich aber gleich wieder aufgefordert, doch ein bisschen spazieren zu gehen. Vielleicht im Garten oder auf der großen Veranda? Der Arzt sei ohnehin noch auf dem Golfplatz, man habe nach ihm geschickt, aber das könne dauern.

Als ich nicht mehr laufen konnte, legte ich mich in das mir zugewiesene Bett. Drei Frauen in einer Reihe. Rechts von mir eine Chinesin, die mit geschlossenen Augen bewegungslos unter ihrer Decke lag. Sie machte keine Geräusche, stöhnte nicht einmal. Auf der anderen Seite lag eine spanisch sprechende Frau. Sie schrie, sie jammerte, sie rief nach Gott und ihrer Mutter und drohte mehrmals aus dem Bett zu fallen. Zwei junge Schwestern befanden sich in einem erbitterten Ringkampf mit ihr. Ich war so fasziniert von diesem Schauspiel, dass ich kaum noch auf mich und meine Schmerzen achtete. Meine Augen flitzten von rechts nach links und wieder zurück.

Doch plötzlich stand der Arzt vor mir, in Shorts und mit einer Pfeife im Mund. Ich wurde auf eine hohe Liege geschoben, und man zog mir dicke Schafwollsocken an. Dann musste ich in die Hocke gehen, und die Hebamme, die mein Parfum trug – wie schön –, stemmte sich kräftig gegen meinen Rücken. Als der Arzt feststellte, dass das eine Steißgeburt werden würde, bekam ich endlich eine Spritze. Mein letzter Blick galt seiner Pfeife, die er in einer Metallschale abgelegt hatte. Es wurde eine Zangengeburt, bei der am Mund meiner Tochter ein heftiger Bluterguss entstand. Das hieß: füttern mit einer Spezialflasche.

Rebecca war ein großes und schweres Kind, das mit seinen blonden Haaren und den rosigen Wangen bei der Geburt schon einige Tage alt aussah. Und sie war laut. Sie war so laut, dass sie nicht im Zimmer für Neugeborene bleiben konnte. Rooming-in gab es damals noch nicht, aber sie wurde mir tagsüber in mein Zimmer gebracht. Es war

nicht so, dass sie ständig schrie. Sie machte einfach un-
zählige Geräusche. Sie quiekte, sie blubberte, sie schnauf-
te, zwischendurch schrie sie aber auch in höchsten Tönen.
Ich hatte das Gefühl, sie pumpt sich für das Leben auf. Wie
mir schien, ein lautes, lustiges Leben. Und so war sie auch
die ersten Jahre. Laut und lustig, nicht zu bändigen und
wunderschön.

Noch im Aufwachraum, ich war noch nicht ganz bei mir,
hörte ich eine Schwester zu mir sagen, es seien Journalis-
ten da. Ich dachte, ich würde träumen, und murmelte: «Sie
sollen später wiederkommen.» Dazu machte ich eine, wie
ich meinte, königliche Handbewegung. Jetzt bitte keine
Audienz! Umso erstaunter war ich, als ich begriff, dass das
wirklich stattgefunden hatte. In dem Moment, als der Pre-
mier von Neuseeland und der Bürgermeister von Auckland
zusammen mit meinem Mann und dem Hoteldirektor das
rote Band zur Eröffnung durchschnitten, war Rebecca
geboren worden. Endlich mal wieder eine Sensation! Wie
gesagt, in Neuseeland passierte damals nicht viel.

Zwei Tage später tauchte Roland im Krankenhaus auf.
Zwei Tage später. Das bekam er jahrelang von mir aufs Brot
gestrichen. Heute tut mir das leid. Er verteilte Leberpaté
und Champagner an die Nonnen und Schwestern, weinte
seine neue kleine Tochter überglücklich nass, legte sich in
das zweite Bett in meinem Zimmer, das inzwischen leer
war, und schlief die nächsten Stunden. Dann war er wieder für eine Weile verschwunden. Nach zehn Tagen wurde
ich mit Rebecca im Arm entlassen. Mein Mann holte uns
im Auto des Hoteldirektors ab, wir selber besaßen keines.
Wir können von Glück reden, dass wir alle heil blieben und

noch zwei weitere Kinder bekommen konnten. Roland fuhr stramm auf der rechten Seite der Straße; in Neuseeland fährt man auf der linken.

Das Leben verlief nun sehr regelmäßig. Martin kam in Auckland in die Schule, eingekleidet in eine graue Schuluniform mit kurzen Hosen und Kniestrümpfen. Der Unterricht fand im Freien statt. Mit der Sprache hatte er keine Schwierigkeiten, schließlich war seine erste Sprache ja Amerikanisch gewesen. Rebecca schlief in einem luftdurchlässigen Leinenkinderbettchen auf einer Unterlage aus Torf. Nachts schob ich sie in den Wäscheraum. Sie produzierte eine Menge Geräusche, meist zufriedene, aber immer laute. Sie hatte zwei glühende Verehrer: Martin, den Frühaufsteher, der sich im Morgengrauen in ihr Zimmer schlich und Quatsch mit ihr veranstaltete, sie aber auch windelte, und einen jungen Koch, der im Grenzgebiet von Baden-Württemberg und der Schweiz aufgewachsen war. Rolf sprach einen Dialekt, den ich nie wirklich verstand. Er nannte Martin «Mödel» und Rebecca «sein Schodle». Martin heißt bei mir immer noch Mödel, aber Rebecca heißt Rebecca. Rolf kam jeden Morgen in seinem uralten Auto die Klippe hochgeschnauft, um sein Schodle zu füttern oder herumzutragen oder auf sie einzureden. Zum Glück fuhr er uns an seinen freien Tagen bald schon zum Großeinkauf.

Um zu dem einzigen kleinen Einkaufsladen unten in der Bucht zu kommen, mussten Martin und ich uns, wenn wir zu Fuß unterwegs waren, an den Kinderwagen hängen – Martin vorne bremsend, ich hinten mit meinem ganzen Gewicht, damit der Wagen nicht den Berg hinunterrollte. Und um den Berg wieder raufzukommen, mussten wir beide mit allen Kräften den voll beladenen Wagen schieben, der sich immer ungefähr auf unserer Kopfhöhe befand. Also fuhr Rolf uns und machte dieser Anstrengung ein Ende. Als ich mich das erste Mal in sein Auto setzen wollte, packte mich jedoch das schiere Entsetzen. Sein Wagen war vollgestopft mit Müll, mit Essensresten, alten Klamotten, Flaschen und Zigarettenstummeln. Es stank bestialisch. Und als er das Handschuhfach öffnete, um mir zu zeigen, wo er sein Gehalt hinstopfte, riss mir der Geduldsfaden. Rolf war zwar bekannt dafür, dass er am Ende eines Arbeitstags überaus «eingesudelt» aussah, es wurden darüber auch Witze gerissen, aber er war der fleißigste aller Fleißigen. Darum ließ man es ihm wohl durchgehen. Als er mir aber gestand, dass er, obwohl er eine Wohnung zugewiesen bekommen hatte, oft im Auto schlief, bevorzugt in der Bucht nah am Wasser, konnte ich es nicht fassen. Einmal, so erzählte er, sei er aufgewacht, und das Auto habe bereits zur Hälfte unter Wasser gestanden.

Ich nahm Rolf unter meine Fittiche. Ein Konto wurde eingerichtet, und ich zwang ihn, das Auto zu entmüllen. Ich stutzte seine Fingernägel und hielt ihm lange Vorträge über Körperhygiene. Zudem zwang ich ihn zum regelmäßigen Friseurbesuch. Nur Englisch konnte ich ihm nicht beibringen. Da ging gar nichts. Es blieb ein wildes Kauderwelsch. Aber war das sein Heimatdialekt nicht auch? Später wurde Rolf ein erfolgreicher, perfekt Englisch sprechender Hoteldirektor in Saudi-Arabien.

In Neuseeland gab es damals eine angeordnete Gesundheitskontrolle für alle neugeborenen Kinder. Der konnte ich mich nicht entziehen. Die Plunket Society war Segen und Fluch zugleich. Die Damen in ihren dunkelblauen Uniformen erschienen zu jeder Tages- oder Nachtzeit. Unangekündigt. Sie nahmen die Kinderbettchen auseinander, begutachteten die Milchflaschen und deren sterile Aufbewahrung, betrachteten die Kinderpopos mit kritischem Blick. Sie führten Buch über Gewicht und Körperlänge, untersuchten die Babys nach sich eventuell ankündigenden Krankheiten und schauten sich in der ganzen Wohnung um, ob alles ordentlich und sauber war. Damit ersparten sie mir zwar den Gang zu einem Kinderarzt, aber es dauerte lange, bis mir meine Dame so weit vertraute, dass wir ein gutes Verhältnis zueinander entwickelten. Dann aber waren ihre Ratschläge Gold wert. Das luftdurchlässige Leinenbettchen war ihre Idee. Die Unterlage aus Torf auch. Und Rebecca wurde in den ersten Monaten mit einer Mischung aus Milch und Seetang ernährt. Das Ergebnis war ein gesundes Kind ohne Blähungen oder andere Schwierigkeiten. Nur diese plötzlichen und unangekündigten Überfälle irritierten mich. Ich weiß nicht, wie oft ich einen herumliegenden Schnuller in einer Vase ertränkte oder mir in den Ausschnitt schob. Und wie oft ich das splitterfasernackte Kind hektisch vom «schmutzigen» Fußboden hochriss, um es zu bekleiden. Immer wenn ich ein Plunket-Auto vorfahren sah – ich entdeckte sie gottlob eher als sie mich –, verfiel ich in Panik. Und meistens schrie dann Rebecca, empört über meine drakonischen Reinigungsversuche – und sei es mit Spucke und einem Gardinenzipfel.

Ich weiß nicht, warum sie mir so viel Angst machten. Heute würde ich darüber lachen und sagen, es ist gesund, wenn mein Kind hin und wieder nackt durch die Wohnung oder den Garten krabbelt. Tatsache ist aber, dass diese flächendeckende Kontrolle ihre Berechtigung hatte. Insofern war alles gut.

Unsere Zeit in Neuseeland dauerte nur ein Jahr. Dann kam der Ruf nach Manila, auf die Philippinen. Wir hatten keine blasse Ahnung, in welches Abenteuer wir uns da stürzten. Wir wussten nicht einmal genau, wo Manila lag. Wir wussten nichts über Land und Leute, und das war wahrscheinlich gut so. Hätten wir mehr in Erfahrung gebracht – wären wir dann ohne große Bedenken dorthin gezogen? Ich befürchte: ja. Aber das lag nicht nur an unserer ungebrochenen Abenteuerlust. Roland reizte auch die Aufgabe, ein internationales Hotel in einem noch relativ unerschlossenen Land hochzuziehen. Also kümmerte ich mich um den Umzug, und Roland suchte sich seine zukünftige Brigade zusammen. Das Ziel war, «so viele Europäer wie möglich dorthin zu verpflichten». Wieder eine nervenaufreibende Aufgabe, denn wer wollte schon auf die Philippinen? Später wurde oft unter großem Gelächter erzählt, wo und in welcher Situation mein Mann die Leute per Telefon erreichte. Durch die Zeitverschiebung und die damals noch schlechten Verbindungen oft mitten in der Nacht; eine echte Herausforderung. Einen seiner zukünftig treusten Mitarbeiter erwischte er mitten in der Nacht in Pakistan auf der Toilette. Der Arme kämpfte gerade mit schmerzhaften Krämpfen gegen seinen Durchfall an. Ich glaube, er sagte nur so schnell zu, um meinen Mann loszuwerden. Einer befand sich in Paris offensichtlich bei der Ausübung der schönsten Sache der Welt. Auch er sagte verdächtig schnell zu. Ein anderer wollte gerade in Italien den Vertrag für ein Kreuzfahrtschiff unterschreiben. Und ein anderer, der in Indien lebte, sagte, er käme nur, wenn er seinen Affen mitbringen dürfe.

Roland hatte die Erlaubnis, großzügig zu verhandeln, und so lockte viele das gute Gehalt – aber nicht alle hielten sich an ihren Vertrag. Ein Niederländer reiste an, schaute sich dreimal um, verkündete «Hier bleibe ich nicht! Auf keinen Fall!» und war mit dem nächsten Flieger verschwunden. Das waren herbe Rückschläge. Originell war der, der sich im Hotel mit meinem Mann in dessen Büro verbinden ließ, nur um zu sagen: «I am sitting at the bar.» Einen anderen Bewerber, dessen letzte Arbeitsstelle in Südafrika gewesen war, hatte ich gleich ins Herz geschlossen. Er verschwand eines Tages über Nacht, und man ging davon aus, dass ihm im Nachtleben etwas Furchtbares passiert sein musste. Etwas, das sozusagen täglich passierte und nicht weiter verfolgt wurde. Wir trafen ihn Jahrzehnte später in Österreich wieder. Er war inzwischen Künstler geworden und konnte uns erklären, warum er bei Nacht und Nebel auf die Seychellen geflohen war. Es hatte mit Depressionen zu tun. Es gibt Länder, die nicht jeder aushalten kann, und das kann man niemandem vorwerfen.

Nach circa zwölf Stunden Flugzeit landeten wir mitten in der Nacht auf dem Ninoy Aquino International Airport von Manila – und der erste Kulturschock erreichte uns unmittelbar. Gewaltige Menschenmassen drängten sich hinter einer Absperrung; es waren aber keine Reisenden oder Menschen, die jemanden abholten. Um den Flughafen herum befand sich ein großer Slum, und die Leute kamen einfach, um zu gucken, um etwas zu erleben. Das hellblonde Kind in seinem viel zu warmen rosa Wollkleidchen auf meinem Arm entfachte schier eine Revolte. Die Menschen schoben, schubsten, boxten sich durch die Absperrung, um in die Nähe des weißen Kindes zu kommen. Unsere Tochter Rebecca schien das nicht zu erschrecken, sie streckte allen fröhlich lachend ihre Hände entgegen. Ich jedoch war in Panik. Die Menschen sprangen an mir hoch, um das Kind anzufassen. Ich war zwar groß, aber nicht groß genug, um dem Andrang zu entkommen. Hinzu kam etwas, was ich damals noch nicht wusste: In diesem Land zeigt man seine Zuneigung, indem man das Objekt der Begierde beschnüffelt. Wo der Onkel in Deutschland dem Baby bestenfalls den Finger in den Bauch pikt und sagt: «Oh, wie süß!», nähern die Menschen auf den Philippinen ihr Gesicht dem des Babys und schnüffeln. Es ist ein sehr sanftes und liebevolles «Beschnüffeln». Später lernte ich, damit umzugehen. Da wusste ich aber schon, dass Kinder auf den Philippinen sehr geliebt werden.

Die Luft draußen war sumpfig-warm. Fast feucht. Und es duftete nicht nach exotischen Blüten, wie ich mir das vorgestellt hatte. Es stank bestialisch nach Müll. Endlich entdeckten wir den Fahrer, der uns abholen sollte. Wie überall auf der Welt hielt er ein Schild mit unserem Namen hoch, auf dem stand «Fucks». Na, das war ja ein guter Anfang!! Später musste sich Roland hin und wieder die gezwinkerte Bemerkung gefallen lassen: «Oh, you must be good at it!»

Wir zwängten uns in das für meinen Mann mal wieder viel zu kleine Auto, der Chauffeur startete den Motor, und wir fuhren durch die Nacht. Rechts loderte und schwelte ein großer Brand. Der städtische Müll, daher der Gestank. Links lag ein toter Mensch mitten auf der Straße. Der Fahrer wich ungerührt aus. Trotz der nächtlichen Stunde drängten und schoben sich Fahrzeuge aller Art ohne Regeln, aber mit ständigem Hupen auf der löchrigen Straße vorwärts. Wir wurden hin und her geschaukelt, sodass die Kinder anfingen zu weinen. Nur Roland saß stramm und bewegungslos auf dem Vordersitz, was daran lag, dass er überhaupt keinen Bewegungsspielraum hatte.

Das Erste, was er in seinem neuen Hotel tat, war, sich zu übergeben.

Nach einer Weile begriff ich, dass nur der den Verkehr unbeschadet überlebt und gleichzeitig vorwärtskommt, der höllisch aggressiv fährt und sich dauerhaft mit dem Finger auf der Hupe auf den Nachbarn stürzt. Man kann das lernen; ich lernte es. Es ist einfach eine Sache des Muts. Die wenigen Polizisten, die den Verkehr zu regeln versuchten, sprangen den Autos, ständig um ihr Leben bangend, aus dem Weg.

Das Hotel befand sich noch im Bau, aber das sahen wir erst am nächsten Tag. Über Holzplanken betraten wir die zukünftige Halle, und alle Anwesenden strahlten die hellblonden Kinder an. Das blieb so, in all den Jahren, die wir dort lebten. Kinder waren pure Freude und nie lästig.

Einige Etagen des Hotels waren schon bezugsfertig, und wir sanken todmüde in die wunderbaren, nach amerikanischem Vorbild gebauten Kingsize-Betten. Die Bilder von meinem wunderschönen Neuseeland, dem weißen Strand, dem blauen Meer mit den vielen Segelbooten, dem blühenden Rosengarten hinter dem Haus und der silbernen Teekanne unserer Vermieterin schob ich energisch zur Seite. Das Abenteuer konnte beginnen.

DAS ERSTE ENDE
MEINER ZWEITEN EHE

In dieser Zeit lernte ich eine Frau kennen, die für mich in den nächsten sieben Jahren eine der wichtigsten Personen meines Lebens werden sollte. Das hatte eine Vorgeschichte: Die Kinder und ich lebten in zwei miteinander durch eine Tür verbundenen Hotelzimmern; ein riesiger Luxus. Das wurde mir spätestens nach einem Blick aus dem Hotelfenster bewusst. Draußen wuselte und qualmte und knatterte vierundzwanzig Stunden lang eine riesige Lawine der abenteuerlichsten zusammengeflickten Fahrzeuge über die maroden Straßen. Marode deshalb, weil die Philippinen mehrfach im Jahr von gewaltigen Naturereignissen gebeutelt wurden. Als ob die Natur gerade dieses eigentlich so schöne Inselland ständig für irgendetwas bestrafen wollte. Kaum war der Orkan vorbei, kam der nächste Taifun, riss Bäume aus, warf Autos wütend über die Straße, deckte Dächer ab und schmiss sie einige Straßen weiter jemandem in den Garten. Kappte Elektroleitungen, unterbrach ständig die Wasserversorgung, nahm jedes Mal Tausenden von Bewohnern ihr Zuhause. Kaum war das vorbei, standen die Straßen plötzlich so gewaltig unter Wasser, dass man nur noch mit einem kleinen Boot fahren konnte. War das Wasser abgezogen, gab es neue, riesige Löcher in den Straßen, in die ein ganzes Auto passte. Wehe, wer da hineingeriet – der hatte ein unlösbares Problem und konnte froh sein, dass er mit dem Leben davongekommen war. Darauf folgten dann die Erdbeben. Und die kamen pünktlich und ständig. So oft, dass sogar wir Ausländer schließlich nur noch mit den Schultern zuckten. Man musste einfach nur wissen, wie man sich zu verhalten hatte.

Roland suchte sich jede Nacht ein leer stehendes Hotelzimmer, bei uns war es ihm zu eng. Und zu warm. Ich drosselte nachts die Aircondition, damit die Kinder nicht ständig Erkältungen bekamen. Draußen herrschte das ganze Jahr über brutale Hitze, und kaum verließ ich das gekühlte Zimmer, hatte ich das Gefühl, als haute mir jemand eine runter. Und zwar mitten ins Gesicht. Damit musste man zurechtkommen, für Roland war das aber sehr schwierig. Hinzu kam, dass ich für jedes Glas Wasser oder jede Mahlzeit den Zimmerservice bemühen musste. Manchmal wollte ich nur eine Scheibe Brot mit Butter. Auf diese Wünsche war der neu trainierte Room Service nicht vorbereitet. Dann wurde mir formvollendet eine Silberplatte mit pappigem Weißbrot und Butter serviert, nebst gestärkten weißen Servietten. Der Aufwand ging mir nach kürzester Zeit gewaltig auf die Nerven. Man kann das als undankbar empfinden, das war es sicher auch, aber ich wünschte mir ein normales Familienleben mit normalen Ritualen. Und zwar für die Kinder und mich. Dass ich meinen Liebsten die nächsten Wochen und Monate nicht zu sehen bekam, kannte ich schon und konnte inzwischen damit umgehen. Ich fing an, für uns ein Haus zu suchen.

Rebecca hatte ihren ersten Geburtstag, und zwar noch

im Hotel. Bislang hatte sie nie den Versuch gemacht, sich hochzuziehen, um zu stehen. Sie krabbelte schnell, aber meist rückwärts. Ich setzte sie auf den Boden mitten ins Zimmer, stellte eine Schokoladentorte auf einer Truhe ab und ging kurz ins Nebenzimmer. Als ich zurückkam, saß Rebecca schokoladenverschmiert mitten in der Torte, die sie selbstständig von der Truhe gezogen hatte. Vor Schreck schrie ich so laut auf, dass Rebecca sich blitzartig erhob und lief. Zwar wackelig, aber sie lief. Am Nachmittag, zum Vergnügen der Zimmermädchen, schon auf dem Hotelflur.

Ich suchte also nach einem Haus, voll möbliert, und fand es sehr schnell. Wohl, weil ich nicht sehr wählerisch war. Hauptsache, raus aus dem Hotel und rein in ein normales Leben. Man lebte als Ausländer in Compounds, in abgegrenzten Siedlungen, von hohen Mauern umgeben. Rein oder raus kam man nur, wenn man eine Polizeikontrolle mit Schlagbaum passiert hatte. Besucher mussten angemeldet sein und wurden schriftlich erfasst. Es konnte also niemand einfach in eine solche Siedlung hinein- oder herausspazieren. Die Hausangestellten, die jeder hatte, mussten sich ausweisen können. Das hörte sich alles sehr sicher an, und trotzdem wurde eingebrochen, wie ich bald merkte.

Das Vierzimmerhaus, das ich fand, lag in Bel Air; keine sehr vornehme Adresse, aber bewohnt von vielen jungen Paaren, zudem war dort alles sehr übersichtlich. Und vor allen Dingen bezahlbar. Ich hätte auch weiterhin im Hotel leben können, alles wäre vom Arbeitgeber bezahlt worden, immerhin bekamen wir ein gewisses Wohngeld zuzüglich zum Gehalt und waren jetzt – das Wichtigste – auf uns selbst gestellt. Als ich das Haus besichtigte, öffnete mir eine ältere, hochgewachsene Filipina die Tür. In sehr gutem Englisch erklärte sie mir, die Hausherrin sei nicht da, sie werde uns die Räumlichkeiten zeigen. Drei Schlafzimmer, ein Wohnzimmer. Eine Küche, daran anschließend eine zweite Küche für das Personal, das war so üblich. Und auch gut so. Dort kochten die Angestellten Dinge, an die wir uns vom Geruch her erst gewöhnen mussten. Manche Ausländer taten es nie. Aber meine Kinder aßen schon nach kürzester Zeit am liebsten bei den Hausmädchen mit. Kleine getrocknete und stark riechende Fischlein, die in Wasser eingeweicht und gekocht wurden, aßen sie im getrockneten Zustand wie andere Kinder Gummibärchen. Ich ließ sie, denn ich fand gut, dass sie so völlig andere Geschmäcke kennenlernten.

Die Filipina, die mir das Haus zeigte, hatte ein kleines Kind auf dem Arm, das sie liebevoll streichelte. Sie erzählte, dass sie seit fünf Jahren für die französische Familie gearbeitet habe, die bislang noch hier wohne, aber jetzt reise die Familie zurück nach Paris. Eigentlich wollten sie sie mitnehmen, aber Peering, so hieß die Filipina, hatte in Manila eine alte Mutter zu versorgen. Ich fragte, ob sie schon eine neue Anstellung habe. Nein, hatte sie nicht. Die Abreise der Familie sei sehr kurzfristig gekommen, und sie habe noch keine Zeit gehabt, sich um einen neuen Job zu kümmern.

Das war sie, meine Chance. Ich war mir sehr sicher, dass wir zusammenpassten. Sie blieb sieben Jahre bei uns, drei davon mit uns in Deutschland. Wir nannten sie von Anfang an Nanay Peering, Mutter Peering. Die Hausmädchen, die auf die Kinder aufpassten, hießen Yaya, aber Peering war sofort Nanay, Mutter. Auch für mich. Besonders für mich.

In den vier Jahren auf den Philippinen erlebten wir zwei Geburten, Krankheiten und eine Operation, wir hatten viel Freude, viel «richtig glücklich sein», aber auch Angst und große Sorgen. Wir erlebten den Tod. Ohne Peering hätte ich das alles nicht geschafft. Am liebsten würde ich ihr ein Denkmal für bedingungslose Treue errichten. Aber in meinem Herzen, ihn unseren Herzen hat sie das schon lange.

Peering fand noch eine Kollegin, Mati, eine lustige, fleißige junge Frau. Peering war damals fünfundfünfzig Jahre alt. Sie war eine Majordomo, die rangoberste Chefin in einem Haushalt; sie gab den Ton an. Mati erledigte die groben Arbeiten. Und dann kam noch ein Houseboy dazu. Moli bearbeitete den Garten und erledigte die schwere Arbeit. Am liebsten aber putzte er unser uraltes Auto, das wir uns angeschafft hatten und an dem nichts heil war.

Personal zu haben, ist in diesen Ländern normal. Bei der enormen Hitze hätten wir Europäer nach kurzer Zeit einen Kollaps bekommen, hätten wir alles selbst erledigt. Rebecca entpuppte sich als echter Wildfang und konnte nicht allein gelassen werden. Sie hatte immer das vor, was sie nicht durfte. Und sie war willensstark. Einmal gab ihr Vater ihr einen Klaps auf den Windelpo. Anschließend ignorierte sie ihn drei Wochen lang, und er litt wie ein Hund. Sie war eindeutig die Chefin.

Martin ging in eine strenge Jesuitenschule mit den sonderbarsten Strafmethoden bei kleinsten Vergehen. Mir gefiel das gar nicht, aber die bessere, die Internationale Schule, konnten wir uns finanziell nicht leisten. Da er aber ein artiger Junge war, bis auf wenige Ausnahmen, kamen Strafen bei ihm nicht oft vor. Ich fuhr ihn jeden Morgen mit unserem uralten Auto zur Schule. Abenteuer pur. Regnete es leicht, musste ich mit einer Flachzange das Fenster aus dem Inneren der Tür hochziehen. Regnete es sehr stark, riss ich mit der rechten Hand die Fußmatte unter mir hoch und klatschte sie gegen die Beifahrerscheibe, die nur halb geschlossen war – dafür aber permanent.

Wir schlossen Freundschaften, gingen im Deutschen Club schwimmen, besuchten riesige Kinos, in denen Filme gezeigt wurden, die in Deutschland noch gar nicht angelaufen waren, aßen sehr oft im inzwischen fertigen und eröffneten Hotel. Natürlich waren wir bei der Eröffnungsfeier dabei, und zu meinem Vergnügen konnte ich beobachten, wie der Bischof mit viel heiligem Wasser die mit Leinen bezogenen Loungemöbel ruinierte. Wasser und Leinen verträgt sich nicht und hinterlässt Flecken. Aber das Hotel musste gesegnet werden. Dann betrat der Bischof im vollen Ornat als Erster den Fahrstuhl. Die geladene Prominenz drängte rücksichtslos nach, und jeder schubste den Nächsten aus dem Weg. Der Fahrstuhl schloss aber die Türen und schwebte nach oben, mit dem Bischof als einzigem Gast. Alle Zurückgebliebenen nahmen die Treppe, und auf jeder Etage wurde nach dem geistlichen Würdenträger gesucht. Der Bischof wurde jedoch nicht gesehen. Nach ziemlich langer Zeit fand man ihn im Nachtklub auf der obersten Etage. Er lehnte lässig an der Bar, rauchte vergnügt eine dicke Zigarre und befand sich im intensiven Gespräch mit dem Barmann, der ihm verschiedene Drinks servierte. Das Erscheinen der abgehetzten Prominenz-Meute störte ihn sichtlich. So segnete er leicht grimmig und nicht mehr ganz sicher auf den Füßen lustlos einige Gänge. Er hätte eigentlich jedes Zimmer und jedes Bad einzeln segnen müssen, doch mit der Disziplin war das in diesem Land so eine Sache.

Die damalige Landesmutter Imelda Marcos weihte bei anderer Gelegenheit ein Kulturzentrum ein. Sie betrat die lange Rolltreppe und glitt nach unten. Hinter ihr drängten sich wieder die geladenen Prominenten eng an eng. Am Ende der Rolltreppe blieb sie einfach stehen und reichte jedem der neugierigen Zuschauer, die sich dort zu einem Spalier aufgestellt hatten, die Hand. Hinter ihr purzelten die Damen und Herren in Festtagsrobe übereinander, bis jemand kurzerhand die Rolltreppe ausschaltete. Ich liebte solche Happenings, und sie passierten oft.

Eines Tages kam ich in die Hotelhalle, und die Rezeption war durchlöchert. Ach, das, wurde mir erklärt, das war gestern Nacht passiert, nachdem man den Präsidenten im Palast durch einen Mittelsmann aufgefordert hatte, bitte schön seine horrenden Rechnungen zu bezahlen. Der Präsident ließ sich fast täglich die köstlichsten Speisen vom Hotel bringen. Ich meine mich zu erinnern, dass die Rechnungen nie bezahlt wurden.

Es kam der Tag, an dem unsere streng religiöse Peering meinem Mann feierlich einen kleinen geschnitzten Holzsarg überreichte. Man drückte auf einen Hebel, und hervor sprang ein erigierter Penis. So sprachlos hatte ich meinen Mann noch nie erlebt. Peinlich berührt bedankte er sich. Im Freundeskreis erzählte er davon und wurde aufgeklärt. Das bedeutete auf ganz liebevolle und nicht anzügliche Weise, es sei jetzt Zeit für ein drittes Kind. Neun Monate später kam unsere zweite Tochter zur Welt. Ein wenig früh, ein wenig zart, ein wenig still, aber sehr aufmerksam. Unser Hausmädchen Mati ging an ihrem Laufstall vorbei, in der Hand eine Platte mit Salami. Spielerisch ließ sie Felipa daran riechen und auch einmal kurz lecken. Dann ging sie weiter. Dass unser zartes Kind so wütend brüllen konnte, war uns bis dahin nicht bekannt gewesen. Von dem Zeitpunkt an schob sie jegliche süße Babynahrung von sich. Selig saß Felipa auf dem Schoß der Hausmädchen in deren Küche und saugte an kleinen getrockneten Fischchen. Dabei gedieh sie wunderbar. Als ich Jahre später hautnah mitbekam, dass in Indien zum Beispiel die Kinder mit der Muttermilch auch sehr bald schon Curryreis bekamen, wusste ich, dass ich alles richtig gemacht hatte.

Unser Leben bekam wieder einen regelmäßigen Rhythmus. Roland erschien einmal in der Woche bei uns, beladen mit Delikatessen. Ich fuhr Martin täglich in die Schule und ging häufig, manchmal täglich, mit den Kindern in den Deutschen Club zur dringend benötigten Abkühlung. Die Hitze blieb das ganze Jahr durch mörderisch, auch während der Regenzeit. Wir besaßen nur eine Aircondition, und die befand sich laut ratternd im Elternschlafzimmer. Die Kinder fanden die Hitze nicht unangenehm. Die Hausmädchen bestäubten sie mehrmals am Tag mit Talkumpuder. Martin hatte Freunde in der Nachbarschaft gefunden und war ständig auf Abenteuertour. Als er einmal mitten am Tag im Schlafanzug vor uns stand und laut gähnend sagte: «Ich geh dann schon mal ins Bett», ahnten wir, oha, da ist was passiert. Hinter unserem Haus stand seine kleine philippinische Nipa-Hütte, und sie brannte lichterloh. Die Jungs hatten wohl gezündelt, und die strohtrockenen Bambusstäbe und Palmenblätter waren dankbares Brennmaterial.

In unser Leben mischte sich Hund Herkules ein. Ich nahm Tennisstunden in den frühen Morgenstunden und Gitarrenunterricht, alles Auswüchse des Lebens einer nicht voll beschäftigten Frau mit Personal. Das mit dem Tennis war dem Hund egal. Aber die Gitarrenstunden machten ihn rasend. Er heulte und jaulte vom ersten bis zum letzten Ton – so viel zu meinem Talent im Umgang mit diesem Instrument. Eines Tages war Herkules verschwunden. Wir mussten nicht lange rätseln, Terrier gehörten mit zu den Lieblingsspeisen der Bevölkerung. Der nächste Hund kam in unser Leben, gekauft auf dem Tiermarkt. Blacky war klein, schwarz, rührend tapsig, ein Mischling. Aus dem niedlichen Hundebaby wurde jedoch ein großes angsteinflößendes Tier, das an eine Kette gelegt werden musste. Außer Martin hatten alle höllische Angst vor ihm. Hunde riechen es, wenn ein Mensch Hundefleisch gegessen hat – und finden das gar nicht lustig. Blacky riss die Kette aus der Verankerung und sprang über eine hohe Mauer hinweg, dem Postboten hinterher. Das hätte schiefgehen können. Der Postbote rettete sich in letzter Sekunde in sein Auto.

Als wir von einem Heimaturlaub in Deutschland nach Manila zurückkehrten, war Blacky weg. Roland sagte, er habe ihn einem Bauern auf dem Land gegeben, der nach einem scharfen Wachhund gesucht hatte. Ich habe die Geschichte nie geglaubt, besonders, als aus dem Bauern dann plötzlich ein Fischer wurde.

Ein weiterer Hund wurde ein Familienmitglied; ein Dackel mit dem Namen Max, sprich: Angsthase. Fiel ein Blatt von Baum, schoss er zitternd unters Sofa. Klingelte es an der Haustür, machte man nicht einfach auf. Man erkundigte sich erst intensiv, wer da sei, und wenn man öffnete, tat ich das höchstens nur einen Spaltbreit. Ich schob dann Max' vordere Hälfte aus der Haustür, klemmte ihn etwas ein und kniff ihn in sein Hinterteil. Vor Empörung gab er laute, quiekende Töne von sich. Mit Bellen hatte das nichts zu tun. Umso abschreckender war sein Auftritt, wenn es unerwünschte Besucher waren. Er war genial. Hinterher bekam er aber reichlich Leckeres zugesteckt. Als wir zurück nach Deutschland gingen, musste Max zu unserem Kummer zurückbleiben. Seine Familie lebte seit Generationen in Asien, er hätte das raue Wetter in Deutschland nicht verkraftet. Meine liebste Freundin Katrin bekam ihn, und dem Dackel war noch ein langes Leben vergönnt.

Kaninchen hatten wir auch. Blacky riss sich, als er noch bei uns war, los und jagte sie durch den Garten. Sie waren dadurch traumatisiert, verloren ihr Fell und starben. Clara war eine Hochzeitstaube. Schneeweiß und sehr vornehm. Bei Hochzeiten wurden viele Tauben am Höhepunkt der Trauung losgelassen. Sie flogen hoch in die Luft und die Raubvögel hinterher. Da es Zuchttiere waren, hatten sie keine natürlichen Rettungsinstinkte mehr. Clara blieb jedoch ganz ruhig und geduckt in der Kiste sitzen. Ich sah es und schmuggelte sie, in meinen Schal gewickelt, zu uns nach Hause. Sie bekam einen schönen großen Käfig, sprach mit uns und wurde sehr alt. Zum Schluss unserer Zeit auf den Philippinen wanderte sie ebenfalls zu meiner Freundin Katrin.

Ich fand mein Leben auf den Philippinen wunderbar, ich hatte nur kein wirkliches Betätigungsfeld. Da ich aber daran gewöhnt war, aktiv zu sein, fehlte mir eine Aufgabe.

Also plante ich zusammen mit der Frau des Hoteldirektors, Kochunterricht zu geben. Europäische Gerichte. An Kundschaft fehlte es uns nicht. In der ersten Reihe hatten sich die Damen des Hauses niedergelassen, herausgeputzt und munter in Spanisch plaudernd, die Sprache der höheren Gesellschaftsschicht. Hinter ihnen saßen ihre Bediensteten und schrieben, soweit sie das konnten, mit. Den Lärmpegel muss ich nicht beschreiben. Da es als normal galt, viel zu spät zu Terminen zu kommen, zog sich alles über Stunden hin. Man erschien auch nicht zu zweit oder dritt, wie angemeldet, gerne tauchte man auch mal zu zehnt auf. Der «Kochkurs» wurde von uns zweimal veranstaltet, dann wurden wir angezeigt. Nur der guten Beziehung des Hoteldirektors zu den richtigen Personen war es zu verdanken, dass wir nicht des Landes verwiesen wurden. Ehefrauen der Männer, die als Experten ihres Fachs in diesen Ländern tätig waren, war das Arbeiten strikt verboten. Wir hatten das nicht so ernst genommen, zum Glück kamen wir mit einem blauen Auge davon.

Ich tobte innerlich und dachte trotzig, dann wasche ich eben das Auto. Ich musste irgendetwas Produktives tun, mir kribbelten schon die Fingerspitzen. Also stellte ich den Wasserschlauch an und seifte das Auto ein. Innerhalb weniger Minuten hingen alle Hausangestellten der umliegenden Häuser über unsere Mauer und grinsten und kicherten und zeigten mit dem Finger auf mich. Das war also auch nichts. Im Haus selber durfte ich, außer pausenlos Kleidung für meine Kinder nähen, auch nichts anfassen. Mein Personal hätte das als strenge Rüge aufgefasst und wäre ohne Kündigung gegangen.

Mir wurde bedeutet, ich dürfe Wohltätigkeitsarbeit

verrichten. Also folgte ich einer Nachbarin in ein Kinderkrankenhaus, in dem hauptsächlich kleine Patienten mit Knochenkrebs lagen. Und hier traf mich das Elend, die Armut, der Schrecken und das Entsetzen völlig unvorbereitet. Jetzt hatte ich meine Aufgabe. Nur musste ich den Mut aufbringen, sie auszuhalten. Was ich dort sah, war eigentlich nicht zu ertragen. In diesen Winkel des menschlichen Daseins hatte ich noch nicht einmal einen Bruchteil eines Millimeters geschaut. Natürlich war mir die große Armut im Land nicht fremd, ich war wie in Amerika schon durch Slums gefahren und musste auch hier die Türen des Wagens gut verriegeln und alle Fenster geschlossen halten. Lebten hier meine Angestellten, waren sie hier zu Hause? Ich hatte keine Ahnung. Wenn sie morgen in aller Frühe in frisch gestärkten weißen Uniformen ihre Arbeit begannen, war die Welt für mich in Ordnung. Im Kinderkrankenhaus war nichts in Ordnung, hier war ich in meinen Augen mit dem Bodensatz des Elends konfrontiert. Die Patienten und ihre Familien hatten eine andere Perspektive. Ihr Kind hatte schließlich einen Platz in einem Krankenhaus bekommen und wurde «versorgt».

Am ersten Tag schlich ich vollkommen verschüchtert hinter meiner Nachbarin her, einer Amerikanerin. Das Krankenhaus war ein völlig heruntergekommenes großes Gebäude. Stufen fehlten auf der Treppe, der Gestank war bestialisch, der Geräuschpegel kaum auszuhalten. Meine Nachbarin kam schon seit Jahren hierher und war daran gewöhnt. Sie hatte mich gewarnt, dass es dort weiß Gott nicht schön sei, sie könne aber auf irgendwelche Befindlichkeiten meinerseits nicht eingehen, dazu sei keine Zeit, und außerdem habe sie auch keine Lust dazu.

Während ich eng hinter ihr stand, total erschrocken, klopfte es zaghaft auf meine Schulter. Ich drehte mich um; ein kleiner Mensch mit völlig entstelltem Gesicht blickte mich an, magere Ärmchen streckten sich nach mir aus. Dieses Kind, vielleicht drei Jahre alt, wollte umarmt werden. Ich sprang entsetzt zur Seite, noch heute schäme ich mich dafür. Wenige Schritte weiter schaute meine Nachbarin in eine Holzkiste, fasste hinein und fing an, zu streicheln und fröhlich zu lachen. In der Mitte lag ein aufgedunsener Kinderkopf, drum herum alle Gliedmaßen kreuz und quer zusammengefaltet. Ein Bein über dem Kopf, ganz unten ein Arm, alles kaum zu erkennen, nur das Gesicht strahlte uns an. «Meine Lieblingspatientin», sagte meine Nachbarin. «Weint nie, ist immer gut gelaunt.» Ich traute mich nicht zu fragen, wie dieses menschliche Wesen in die Kiste gekommen war. Ich fragte bei keinem der kleinen Patienten nach deren Geschichte. Auch in Zukunft nicht. Aber ich blieb dabei.

Vier oder mehr Kinder, schon vor längerer Zeit oder gerade frisch operiert, lagen zusammen auf Matratzen ohne Bettlaken. Decken gab es nicht. Auf dem Boden und unter den Betten kauerten die Verwandten. Wurde den Kindern Essen gereicht, griffen sie schnell zu. Unsere Aufgabe war es, das zu verhindern. Es war nicht Bösartigkeit, die sie dazu brachte, so etwas zu tun. Das Kind würde wahrscheinlich bald sterben, aber die anderen mussten auch von etwas leben. Überleben. Verteilten wir zum Beispiel gespendete Zahnbürsten an alle kleinen Patienten, verschwanden sie in Sekundenschnelle. So schnell konnten wir gar nicht reagieren, wie das passierte. Eigentlich verschwand alles, was wir brachten. Ich sagte mir, dass diese Sachen ebenfalls an Bedürftige gingen. Ohne diesen Gedanken hätte ich nicht lange in diesem Krankenhaus durchgehalten. Und auch ich schaute bald bei jedem Besuch in die Kiste mit dem lachenden Gesicht.

Peering bedeutete uns mit einem weiteren geschnitzten Penis, dass es Zeit für ein neues Baby sei. Da nicht nur ich, sondern auch Roland sich viele Kinder wünschte, grinste er mich nur bedeutungsvoll an. Neun Monate später war es wieder so weit. Ich war sehr gern schwanger, weil es mir während der Monate immer besonders gut ging. Ich war voller Energie, hatte keinerlei Beschwerden und strotzte vor Lebenslust. Meine Haare wurden immer dicker, die Fingernägel wuchsen wie verrückt, meine Haut war makellos. Ich hätte Bäume ausreißen können vor lauter ungenutzter Kraft. Und mein Bauch war bei jedem Kind auch nicht zu ausgeprägt. So ahnten wir nicht, welches Drama über uns hing.

Am Stichtag schafften wir es nicht in das vorgesehene Krankenhaus, die Straßen waren wieder einmal unpassierbar. Also fuhren wir in das hochmoderne amerikanische Krankenhaus in der Nähe des Compounds. Alles verlief normal und ruhig. Die Wehen waren nicht allzu schlimm, ein Arzt, Dr. Gonzaga, begleitete mich und strahlte eine große Ruhe aus. Seine Frau bekam zur gleichen Zeit ihr Baby, und wir scherzten darüber. Eigentlich hätte er ja an ihrer Seite sein sollen, aber, so gestand er, bei seiner eigenen Frau könne er das nicht aushalten. Das Personal und ich lachten ihn aus. Mit anderen Worten, es herrschte eine eher lustige Stimmung, die jedoch plötzlich in große Panik umschlug. Dr. Gonzaga beugte sich ganz nah zu mir und meinte, ich müsse mich sofort in tiefe Yogastille versinken lassen.

Ich hatte mich damals zur Yogalehrerin ausbilden lassen, seine Frau war eine meiner Kursteilnehmerinnen. Dr. Gonzaga sagte es so eindringlich, dass ich mich sofort in tiefe Meditation begab. Für mich hieß das, dass ich mich «wegbeamte». Das beherrschte ich meisterlich, aber den Kaiserschnitt bekam ich dennoch mit. Dann aber glitt ich unter der Narkose in einen tiefen Schlaf.

Das Zimmer, in dem ich nach dem Aufwachen lag, war eiskalt. Draußen vor dem großen Fenster flirrte die Luft angesichts der brütenden Hitze. Das Kind in meinen Armen war ebenfalls eiskalt, die Händchen, das kleine Gesicht, alles eiskalt. Es hatte ein Mützchen auf und war in eine Decke gewickelt, die Augen fest geschlossen. Ich drückte mich tiefer in die Kissen und zog die Bettdecke über uns. Ich musste mein Kind wärmen, das war jetzt sehr wichtig. Ich zog den kleinen Körper eng an mich, um ihm von meiner Wärme abzugeben. Das winzig kleine Kind, mein Sohn, war schwer, so schwer sogar, dass ich Angst hatte, ihn nicht halten zu können. So drückte ich mich noch tiefer in die Kissen. Meine Arme fingen vor Anstrengung zu zittern an. Und er wurde immer schwerer. Seine Eiseskälte griff auf mich über, sodass ich vor Kälte bald am ganzen Körper zitterte. Ich kroch noch tiefer unter die Decke, presste den kleinen Körper ganz fest an mich und schloss ebenfalls die Augen. Zusammen mit meinem kleinen Kind wollte ich einschlafen, und nach dem Aufwachen wäre dann sicher alles wieder gut.

Als man mir das Baby vorsichtig aus den Armen nahm, wollte ich nicht aufwachen. Ich wollte weiterschlafen – bis in alle Ewigkeit. Wenige Zimmer weiter kämpfte sein Zwillingsbruder um das Überleben. Roland stand stundenlang hinter der Glaswand und betete und bangte und hoffte. Nur der Tatsache, dass wir in diesem modernen Krankenhaus waren, verdankt der Zwillingsbruder sein Leben.

Heute macht mein fast zwei Meter großer Sohn zur Gaudi aller anderen gerne nach, wie er mit den Händen an die Wand des Brutkastens geklopft hat: «Lasst mich hier raus, lasst mich hier raus!»

Von dieser Geburt erholte ich mich nur schwer. Lange Zeit blieb ich im Krankenhaus, konnte nicht selbstständig laufen und saß im Rollstuhl. Ich konnte mich einfach nicht geradebiegen. Als ich entlassen wurde, zusammen mit meinem Sohn, ging ich immer noch gebeugt. Zu Hause legte ich mich sofort wieder ins Bett. Mein kleiner Sohn war so winzig und schwach, dass er rund um die Uhr mit einer Pipette gefüttert werden musste. Er lag neben mir, und wir schliefen die meiste Zeit. Aber eines Tages reichte mir dieses krumme Gehen. Ich richtete mich ruckartig auf, es machte «Peng», und Eiter floss aus mir heraus. Das Rätsel war gelöst. Als ich im Nachhinein erfuhr, dass während der Notoperation ein Blackout stattgefunden hatte, war alles klar. Wahrscheinlich waren einige Instrumente nicht korrekt sterilisiert gewesen. Danach erholte ich mich schnell, und auch mein kleiner Sohn machte Fortschritte und trank seine Milch aus der Flasche. Bis zu seinem vierzehnten Lebensjahr war er eher schmal, mit seinem feinen Gesicht konnte er glatt als hübsches Mädchen durchgehen. So begleitete er mich später oft zu Frauenlesungen und Frauenveranstaltungen. Und die Damen gaben diesem witzigen und charmanten kleinen Mädchen gerne vorzeitig – die Lesung war meistens noch im Gange – ein Stück Kuchen vom Büfett. Er liebte diese Happenings und das Verwöhntwerden und hätte sich zur Not auch einen Rock angezogen.

Unsere Zeit auf den Philippinen neigte sich dem Ende zu; als unser jüngster Sohn ein Dreivierteljahr alt war, galt es, Abschied zu nehmen. Von neu gewonnenen Freunden, von einem wunderschönen Land mit täglich neuen Erlebnissen, von ungebremster Freiheit im Sinne eines Luxuslebens und den Bewohnern des Landes, deren Charme und Liebenswürdigkeit nicht zu toppen waren. Ich war untröstlich und wehrte mich bis zur letzten Minute. Mein Mann hatte Angebote für Indien und den Libanon erhalten, wo wir schon immer hinwollten. Roland aber bestand darauf, dem Ruf seiner Mutter in den tiefsten Schwarzwald zu folgen. Sie hatte ihm gesagt, er solle nach Hause kommen und den Landgasthof übernehmen. Mir kam es nicht wie eine Bitte vor, sondern wie eine Anordnung. Das hörte sich für meine Ohren nicht gut an. Und es war auch der Beginn einer Phase voller Kummer, Schmerz und unendlich vieler Missverständnisse. Aber am schlimmsten war, dass es zum Ende unserer bis zu diesem Zeitpunkt so glücklichen Ehe führte.

RÜCKKEHR
NACH DEUTSCHLAND

Nach unendlich langen Flugstunden mit den Kindern auf engstem Raum kamen wir erschöpft in Frankfurt an. Die Kinder waren quengelig, und Roland konnte kaum, da er ewig eingequetscht gesessen hatte, seine schmerzverzerrte Miene zur Begrüßung glätten. Ich selber war von oben bis unten mit dem Kaffee einer Reisenachbarin bekleckert. Wir waren sicherlich ein armseliger Haufen, als mein Schwager uns am Flughafen abholte. Die einzige Person, die stolz und aufrecht stand, war unser Kindermädchen Peering. Sie, die noch nie geflogen war und kaum je in einem großen Auto gesessen hatte, betrachtete alles mit großer Ruhe.

Nach drei Stunden Autofahrt wurden wir an den mir schon bekannten Familientisch gesetzt oder, genauer gesagt, gezwängt. Essen wurde vom Kellner aufgetischt, für die Kinder war jedoch nichts dabei. Erst als ich Roland zur Seite nahm und ihm unmissverständlich mitteilte, wie verärgert ich darüber sein, wurde etwas serviert, das auch kinderverträglich war. Kartoffelbrei. Als uns zwei Zimmer «im alten Haus» zugewiesen wurden, nicht im neuen Hotel, mit einer Gemeinschaftsdusche auf dem Flur, brach es aus mir heraus. Wir waren drei Erwachsene und vier

Kinder und befanden uns nicht auf der Flucht. Mein Mann ging jeden Abend auf die Suche nach einem nicht belegten Zimmer, wo er dann schlief. So ging es einigermaßen.

Ich hasste dennoch die Situation und schämte mich vor Peering, die alles stoisch ertrug, aber auch alles sah. Ich hasste ebenso die Arbeit, die ich schon am nächsten Tag beginnen musste. Tresendienst. Ich kannte keinen der Weine, die ich ausschenken sollte. Ich kannte keinen der Schnäpse, nicht die Biersorten und nicht die verschiedenen Säfte und Mischungen der Getränke. Ich trug modische Stadtkleidung, hier musste ich ein Dirndl anziehen, mit Schürze. Aber ich biss die Zähne zusammen und schwor mir: Euch werde ich es zeigen! Mich kriegt ihr nicht klein. So lernte ich schnell, diese für mich erniedrigende Arbeit zu verrichten. Als mir einmal die Gläserspülmaschine überlief, weil mir nicht gezeigt worden war, wie sie funktionierte, und mein Schwager von oben herab sagte: «Endlich wird hier mal richtig geputzt», floh ich nicht vom Ort des Geschehens, sondern schwor mir bittere Rache.

Den Gedanken an Rache gab ich jedoch rasch auf, als ich bemerkte, wie mein Mann litt. Ihm vorgesetzt war ein älterer Küchenchef, der obendrein meiner Schwiegermutter hörig war. Ein Jasager mit einem Alkoholproblem. Roland war es gewohnt, große, international besetzte Brigaden zu führen. Aber immer wenn er versuchte, sich bei seiner Mutter durchzusetzen oder auch nur zu ihr durchzudringen, simulierte sie einen Herzanfall. Dann musste die Dorfärztin gerufen werden und ihr eine Spritze geben – mit bösen Blicken in Richtung meines Mannes. Mein Schwiegervater sagte zu allem nichts. Ich sah nur abendlich, wie seine Hand die Schwingtür von der Küche zum

Gastraum aufstieß und er sich eine Flasche Rotwein aus dem Regal zog. Peering ging täglich, eingemummelt in viele Schichten Winterkleidung, mit den Kindern die Hauptstraße entlang. Die Dorfbewohner starrten nur, flüsterten miteinander und blickten ebenfalls nur böse.

Martin, der eigentlich auf ein Gymnasium hätte eingeschult werden müssen, wurde in die dörfliche Schule geschickt, wo mein Schwiegervater Konrektor war. Das Gymnasium befand sich in der nächsten Stadt und war nicht leicht zu erreichen. Solche Kapriolen wie eine weiterführende Schule waren nicht vorgesehen. Die Kinder mussten auch erst einmal richtig Deutsch lernen. Wir hatten vor unserer Heimkehr, wenn man das überhaupt so nennen konnte, die alte Schule hoch oben auf dem Berg, die nicht mehr benutzt wurde, mithilfe meines Schwagers ersteigert. Sie musste aber saniert und renoviert werden, und das dauerte. In meiner Mittagsstunde fuhr ich zum Berg hinauf und schleppte Schutt, oder ich zerschlug einen maroden Kachelofen. Das waren meine einzigen Glücksmomente. Die Handwerker akzeptierten mich nach anfänglichem Misstrauen, als sie sahen, dass ich arbeiten konnte. Sie blieben auch meine Freunde, nachdem ich Jahre später unter Protest das Tal verließ.

Als wir endlich unser Haus beziehen konnten, fing ein neues Leben an. Die Kinder konnten sich entfalten und mussten nicht immer nur «Ruhig, seid still, die Gäste stört das» als Lebensmotto akzeptierten. Peering war glücklich, konnte sie nun doch wieder ihren morgendlichen Reis mit Knoblauch zubereiten und essen. Und es gab Platz für jeden von uns, sogar reichlich. Meine harte Schwiegermutter mit ihrer kalten, metallischen Stimme war Vergangenheit.

Es wurde wieder gelacht. Aber uns, Roland und mir, ging es nicht gut. Mein Mann erkannte bald, dass seine Mutter nicht auch nur ansatzweise vorhatte, ihm den Betrieb zu übergeben. Es war nur ein Schachzug, um ihrem ältesten Sohn eins auszuwischen, weil sie mit ihm nicht zurechtkam. Weil er sich ihr widersetzte. So hatte sie ihren erklärten Lieblingssohn, was oft genug betont wurde, an Land gezogen, um ihn als drohende Gefahr vorzuführen, wenn es mal wieder einen Familienzwist gab. Roland aber hatte keine Lust mehr auf die Pseudorolle eines Lieblingssohns ohne Mitspracherecht. Er war zu einem unterbezahlten Koch in einem mittelgroßen Landgasthof degradiert worden. Und er wollte vor allen Dingen kein Kanonenfutter mehr sein.

Es kam der Tag, an dem die Brüder sich gegenseitig am Schlips auf den Hof zogen. Was dort geschah, habe ich nie erfahren. Kurz darauf erschienen der Steuerberater, ein wichtiger Ratgeber und Vertrauter meiner Schwiegermutter, und ein Anwalt. Das Dilemma hatte genau ein Jahr gedauert, mit dem Ergebnis, dass wir von einem Tag auf den anderen arbeitslos waren. Meine Erleichterung darüber, dass ich nicht mehr mit den ach so wichtigen Herren Doktor und Direktor bis tief in die Nacht am Tresen verbringen musste, um ihnen beim Trinken zuzuschauen und ihrem Geschwafel zuzuhören, war groß. Aber die Existenzangst war größer. Was jetzt?

Wir fuhren über Land, um einen Betrieb, der verpachtet werden sollte, zu finden. Ohne Erfolg. Mein ältester Bruder, der bei der Lufthansa in der Werbeabteilung arbeitete, gab Roland den Rat, es doch einmal bei der LSG in Frankfurt zu versuchen, der Lufthansa Service Gesellschaft, die für die Verpflegung an Bord zuständig war. Mein Mann musste eine umfangreiche Prüfung absolvieren, und er bestand. Man nahm ihn mit Kusshand, und ihm wurde ein Aufgabengebiet zugeteilt, das ihn auch wieder viel ins Ausland führte. Genau das, was er am besten konnte: große Aufgaben mit viel Verantwortung. Wir waren glücklich.

Als ich fragte, was wir jetzt mit dem alten Schulhaus machen sollten und wann wir nach Frankfurt umsiedeln würden, erlebte ich einen Schock. Roland verkündete, er habe nicht vor, zum Geschwätz der Dorfbewohner und als «rausgeschmissen» bespöttelt zu werden. «Du hältst hier die Stellung», erwiderte er, «und ich komme jedes Wochenende. Dann werden die schon merken, dass wir dazugehören! Ich lasse mich hier nicht vertreiben.» Widerrede war zwecklos. Ich war damals sechsunddreißig Jahre alt und hatte das Wort «nein» noch nicht ausreichend geübt. Jedenfalls nicht so, dass es Konsequenzen hatte.

Roland zog nach Frankfurt und nahm sich dort eine kleine Wohnung. Jedes Wochenende kam er zu uns, nur um sich auszuruhen. Er war glücklich, und ich blieb auf dem Berg hocken, ohne Freunde und ohne Perspektive. Ich war kreuzunglücklich. Wieder einmal wurde ich zu etwas gezwungen, was ich absolut nicht wollte. Peering machte die ganze Arbeit und ließ nicht zu, dass ich auch nur einen Finger rührte. Sie war in ihrem Element – und ich saß in einem tiefen, schwarzen Loch. Sie ging mit den Kindern schlafen, und ich war allein.

Unser Nachbar, Toni, ein Waldarbeiter, den Roland schon sein Leben lang kannte, besuchte uns oft, aber zunächst nur, wenn mein Mann da war. Er war immer da, wenn Roland auftauchte, die Arme weit ausbreitete und rief: «Ach, ist das schön hier. Lass uns nirgendwo hingehen. Diese Luft, diese Ruhe!» Dann setzten die Männer sich an den großen Tisch in der Küche und tranken Obstler und Bier. Plötzlich saß dieser Toni aber auch jeden Abend neben mir auf dem Sofa im Wohnzimmer und guckte mit mir fern. Meist lehnte er sich im Sofa zurück und schnarchte lautstark, die Füße in seinen Arbeitsschuhen weit von sich gestreckt. War der Film zu Ende, weckte ich ihn: «Wach auf, Toni, Zeit, ins Bett zu gehen.» Mit einem «Vergelt's Gott» ging er dann zu sich nach Hause, legte sich in seinem kargen Schlafzimmer ins Bett, neben sich ein Gewehr im Anschlag. Und irgendwann hockte er auch schon morgens am Frühstückstisch der Kinder und rauchte seine stinkigen HB-Zigaretten. Peering sagte nichts. Aber mir war klar, dass ich etwas ändern musste. Toni half mir zwar bei allen schweren Dingen, schippte im Winter mit seinem Unimog die Wege frei, schob mein Auto an, reparierte den tropfenden Wasserhahn, aber ich wollte nicht mit ihm auf dem Sofa hier oben auf dem Berg alt werden. Mehr als drei Sätze konnte ich sowieso nicht mit ihm wechseln. Er sprach so starken Dialekt, dass ich ihn einfach nicht verstand.

Unten im Tal nahm ich einen Halbtagsjob in einer Schokoladenfabrik an. Man nahm mich wegen meiner Sprachkenntnisse, inklusive astreinem Hochdeutsch. Ich wurde die Sekretärin des Einkäufers, obwohl ich keinerlei Erfahrung in diesem Beruf hatte. Aber eine sehr nette Kollegin half mir; sie brachte mir im Eilverfahren bei, was ich für diesen Job brauchte. Allzu viel war es nicht. Ich mochte gern mit Belgien telefonieren oder mit Südafrika telefaxen; ich bearbeitete Bestellungen von Kakao, Zucker, Mehl, Aromastoffen und Vanille. Über meinem Arbeitsplatz schwebte permanent ein süßlich-schwerer Geruch, der im Hals kratzte. An manchen Tagen, wenn es draußen sehr heiß war, hätte ich mich gerne übergeben. Schokolade mochte ich nach kurzer Zeit nicht einmal mehr angucken, auch wenn sie schon verpackt war, dann wurde mir übel. Aber ich brachte tütenweise Bruch mit nach Hause oder verschenkte ihn. In diesen Tüten waren beschädigte Schokoladentafeln, Pralinen oder Kekse mit Fehlern.

Ich arbeitete bis mittags, sodass ich am Nachmittag bei den Kindern sein konnte. Das gefiel mir schon besser, aber es war noch nicht genug; ich saß immer noch jeden Abend mit Toni auf dem Sofa. Das war auch die Zeit, in der Martins Vater ganz plötzlich mit 46 Jahren starb. Da kam mir die Idee: Warum sollte ich nicht ein eigenes ganz kleines Hotel oder eine Pension eröffnen? Roland fand die Vorstellung genial. Er unterstützte mich bei der Suche, und wir wurden ganz schnell in der Nähe fündig. Wir fuhren in den Norden Deutschlands, nach Wedel in der Nähe von Hamburg, um den Besitzer kennenzulernen, einen überaus unsympathischen, kleinen, gierigen Geschäftsmann mit großen Ambitionen. Aber er war in Not. Jeder Pächter war bislang an seinem Hotel – eher einem Hotelchen – gescheitert, und es stand schon lange leer. Später hörte ich von Ortsansässigen, auf dem Haus liege ein Fluch. Ehen würden durch es zerstört, und Lebensträume würden sich in Albträume verwandeln. Wie wahr – aber das wusste ich damals nicht und hätte es auch nicht geglaubt.

Voller Energie fing ich an, das Hotel zu bestücken. Die lokale Bank gab mir ohne Schwierigkeiten einen großen Kredit. Ich gehörte schließlich zur Fuchs-Familie, der Königsfamilie des Tals, dem größten Steuerzahler der Umgebung. Das alte Gebäude wurde aufgefrischt, ohne den Charme zu verändern. Ein bäuerlicher Charme, soweit man das über Bäuerlichkeit sagen konnte. Die Zimmer waren übersichtlich und wirkten frisch, die Küchenausstattung war modern, die Terrasse vor dem Haus groß, und es gab ausreichend Parkplätze. Die Deko bestand aus alten Sensen, Schlegeln, Butterfässern und Milchkannen. Es passte perfekt. Die Speisekarte war eher französisch ausgerichtet, das Elsass lag Minuten von uns entfernt – wie auch die Schweiz.

Der größte Glücksgriff war aber ein junger Koch namens Benni Fuchs. Er hatte gerade seine Lehre beendet, und seine erste Anstellung war bei mir, und zwar gleich als Küchenchef. Anders formuliert: Er war alleiniger Koch. Er hatte Hilfskräfte an seiner Seite, aber das Sagen. Und er war überaus talentiert. Hinzu kam, dass wir uns blendend verstanden – und das tun wir bis heute. Unser Humor war auf einer Wellenlänge, trotz der knüppelharten Arbeit hatten wir fast nur Flausen im Kopf. Betrat ich durch die Schwingtür die Küche, warf ich ihm – er stand am anderen Ende der Küche am Herd – mit dem Wort «Hopp» eine Traube zu. Er fing sie mit dem Mund auf, egal was er gerade mit den Händen tat. Wir trainierten so lange, bis kaum eine Traube ihr Ziel verfehlte. Oder ich brachte ihm, bevor die Gäste kamen, mitten im Gastraum Yogaübungen bei. Nie vergesse ich den Moment, als ich ihn endlich im Lotussitz hatte, Beine und Füße gekreuzt. Die ersten Gäste betraten das Restaurant, und Benni konnte seine Beine und Füße nicht entwirren. Klar, er hatte ja auch seine schweren Küchenclogs an. So packten wir ihn rechts und links unter den Achseln und trugen ihn in die Küche. Den Gästen erzählte ich, mein Koch bringe sich jeden Abend mit Meditation in gute Stimmung. Den Gästen gefiel das sehr!

Zwei Bedienungen kamen in mein Leben, zwei Frauen, die ich sehr schätzte. Sie waren treu und loyal, und zusammen entwickelten wir den Stil des Hauses. Ich wollte alles ganz anders machen, nichts sollte so sein wie im Haus meiner Schwiegermutter. Mein Ziel war es, gemeinsam mit meinen Angestellten zu arbeiten und nicht nur die Position der Chefin einzunehmen. Es gelang fabelhaft. Wir arbeiteten Hand in Hand, es gab keine unnötigen Hierarchien, und wir hatten Spaß. Es wurde viel gelacht und mit den Gästen kommuniziert. Das war neu im Tal und sprach sich sehr schnell herum. Es gab auch keine Dirndlkleider; ich war eine sehr elegante Wirtin. Auch das war im Tal etwas Neues. Die Boutique-Besitzerin aus der nächsten Kleinstadt kannte meinen Geschmack genau und schickte mir Kleider zur Auswahl, so konnte ich in Ruhe aussuchen.

Dieses Mal stand ich mit Freuden hinter dem Tresen, war es doch meiner. Ich war aber auch Bedienung sowie DJ, denn ich legte Schallplatten mit moderner Musik auf. Und ich half in der kalten Küche mit. Weiterhin erledigte ich die Buchungen und schrieb Rechnungen. Nur für das Frühstück der Hausgäste hatte ich eine Hilfe, sie putzte auch die Zimmer. So musste ich erst um neun Uhr morgens an der Rezeption stehen. Aber es ging dann bis Mitternacht, bis wir schlossen, und ich wischte danach noch die Küche durch. Ich liebte das alles sehr und spürte, dass ich es konnte. Das war genau mein Ding: Gastgeberin sein nach meinem Stil.

An manchen Tagen fingen die Gäste spontan nach der Schallplattenmusik zu tanzen an, und wir tanzten mit. Das war ebenfalls ganz neu – und sprach sich herum. Sogar die zuerst sehr misstrauischen Bewohner des Tals kamen und aßen bei uns, hin und wieder wippte dann auch mal eine Fußspitze. Zur Fasnacht erschienen sie alle, anonym unter ihren Kostümen. Ich ahnte nicht, wer mich da plötzlich mutig durch den Gastraum schob und mir dies oder das ins Ohr flüsterte. Es war ein riesengroßer Spaß.

An Gästen fehlte es uns nicht. In unserer Nähe befand sich ein stillgelegtes Silberbergwerk, in den früheren Tunneln kurten die Asthmapatienten, geschickt von ihren Krankenkassen. Es kamen Geschäftsleute zu Tagungen, nicht so geliebte Gäste, denn meist tranken sie zu viel und waren oft kaum zu bändigen. In der Gruppe fühlten sie sich stark, und einer der sehr betrunkenen Gäste zerrte mich eines Nachts in sein Zimmer und schloss von innen ab. Ich blieb ganz ruhig und beobachtete, wo er den Schlüssel versteckte. Er fiel sofort mit mir aufs Bett und schlief ein. Ich erhob mich, nahm den Schlüssel, öffnete die Tür und verschwand. Am nächsten Morgen, als er ahnungslos die Treppe hinunterkam, legte ich ihm die Rechnung hin und zeigte mit dem Finger auf die Haustür. Er ging mit hängendem Kopf. Peinlich für ihn: Er war der Leiter der Gruppe. Danach nahm ich keine rein männlichen Tagungsgruppen mehr an, der Schreck verfolgte mich lange, es hätte sonst was passieren können. Das Personal schlief nicht im Haus, nur ich allein.

Unsere Küche bekam ihren eigenen Ruf. Sogar junge Leute kehrten bei uns ein und aßen Froschschenkel elsässischer Art. Sonntags reisten Familien aus Basel oder aus Colmar an. In dieser Region ist es üblich, am Sonntag mit der Familie essen zu gehen. Das Geschäft blühte. Mein

Schwiegervater fing an, mich ernst zu nehmen. Er kam wöchentlich und druckte mir die Menükarte aus. Dann warf er noch einen schnellen Blick in die Kühlräume oder den Heizungskeller. Er wurde für mich unentbehrlich, und wir wurden Freunde. In freien Stunden redeten wir über Literatur oder Musik. Als er Jahrzehnte später im hohen Alter starb, erbte ich seine CDs und seine Bücher. Aber als ich in richtiger Not war, versagte auch er. Als Intellektueller galt er in der Familie, in die er eingeheiratet hatte, als Versager. Er hatte kein Talent zum Wirt und auch nicht die Ambition, also hatte er auch kein Mitspracherecht.

Roland stellte bald fest, dass, wie er sagte, «der Laden richtig brummt». Und er machte sich Gedanken. Und Pläne. Jeden Freitagabend kam er aus Frankfurt, und dann ging ein Ruck durch mein Restaurant. Mit finsterer Miene betrat er den Gastraum, was die Gäste natürlich bemerkten. Er nickte Stammgästen kurz zu, sehr jovial, was ich hasste, ließ seine Tasche fallen und betrat wie ein Donnergott die Küche, Bennis Reich. Und dann ging es los. Dies war nicht richtig, das war falsch. Wieso das denn so? Er schmiss ein Glas an die Wand oder auch mal eine schwere silberne Sauciere nach mir, denn ich hätte besser aufpassen müssen. Er kritisierte meine Mitarbeiterinnen – warum müssen die denn rauchen? Pause vielleicht?, antwortete ich. Ach was, Pause, hier ist man zum Arbeiten. Er schmiss im Lager eine komplette Käsesahnetorte nach einer meiner Helferinnen und mir. Die rutschte langsam an den gelben Fliesen Richtung Boden. Das war so rasend komisch, dass wir fast an unserem unterdrückten Lachen erstickten. Aber hätten wir gelacht, wie ich es heute getan hätte, hätte er uns wahrscheinlich erwürgt. Seine choleri-

125

schen Anfälle waren Furcht einflößend und wurden immer schlimmer. Es dauerte lange, bis ich das Rätsel löste. Er wollte, dass ich dem Hotel und speziell der Küche einen grenzüberschreitend guten Ruf einbrachte, und dann würde er es als Wirt übernehmen. In dem Fall, dass ich es nicht schaffte, konnte er immer noch sagen, ich sei ja nicht vom Fach.

Roland versprach sich, als ich eines Tages ein Schild an die Tür hängte, auf dem stand, wann das Restaurant am Nachmittag geschlossen sei – auch eine Wirtin muss mal ruhen. Ich hatte bemerkt, dass ich manchmal sehr erschöpft war, da ich den ganzen Tag auf den Beinen war. Die Angestellten gingen in die sogenannte Zimmerstunde, machten also zwischendurch zu Hause in ihren Familien Pause und kamen gegen Abend wieder. Das Kaffee- und Vespergeschäft verrichtete ich alleine. Als ich meiner Ärztin meine Erschöpfung beschrieb, riet sie mir, einen Piccolo zu trinken. Wunderbare Idee, eine Wirtin mit einer Fahne!

Ein weiteres großes Problem bahnte sich an. Ich sah meine Kinder nicht mehr. Martin, den ältesten Sohn, sah ich öfter, denn er musste laut Ansage seines Vaters kräftig mithelfen. Und es setzte hin und wieder eine kräftige Ohrfeige. «Das hat noch nie einem Kind geschadet!», meinte Roland. Ich rastete jedoch schon immer aus, wenn ich einen großen Menschen einen kleinen Menschen schlagen sah. Erziehen oder strafen, indem man einem Kind Schmerzen zufügte, das ging gar nicht! Ich sagte zu meinem Mann: «Wenn du das noch einmal tust, gehe ich.» Und das tat ich so überzeugend, dass er damit aufhörte. Die letzte Ohrfeige, die er austeilte, ging an mich. Aber das war später.

Die kleineren Kinder kamen hin und wieder mit Peering mit dem Bus ins Tal gefahren, dann gab es Kuchen oder Eis. Sie fanden das überaus spannend. Als Roland das eines Tages mitbekam, sagte er: «Nichts da mit Eis. Erst die Arbeit, dann das Vergnügen.» Meine Kinder, meine Babys, sollten erst die Zigarettenstummel zwischen den Steinen auf der Terrasse einsammeln. Ich weiß nicht mehr, wie ich mein Entsetzen zum Ausdruck brachte, aber er forderte so etwas nie wieder von ihnen.

Das löste aber nicht mein Problem; ich sah meine Kinder viel zu wenig, manchmal über Wochen nicht. Das konnte so nicht weitergehen. Ich hatte zwar die Beruhigung, dass sie bei Peering in den allerbesten Händen waren, aber ich hatte Sehnsucht nach ihnen. Diese war so groß, dass ich mich immer öfter in den Schlaf weinte; es machte mich buchstäblich krank. Bei der Einschulung von Rebecca war ich nicht dabei, bei Elternabenden war ich kein einziges Mal. Die Kindergärtnerin der kleineren Tochter Felipa kannte ich nicht, ich war festgenagelt in meinem Hotel, weil Roland es forderte. «Wenn du erst richtig erfolgreich bist, kannst du die Kinder häufiger sehen», gab er mir zu verstehen.

Mit jedem Freitag, an dem mein Mann auftauchte, kam der wöchentliche Schrecken. «Los, Monika, leg dich hin, die Gäste sind bald da!» Es war der reinste Horror. Damals war ich noch nicht so weit, um mich zu wehren. Heute würde mir das noch nicht einmal im Ansatz passieren. Aber heute verstehe ich es, wenn mir Frauen von ihrem Unvermögen erzählen, sich nicht aus einer quälenden Situation retten zu können. Hinzu kam, dass ich mittlerweile Angst vor ihm hatte. Physische und psychische Angst. Ich sah ja oft, wie er wüten konnte. Dann flogen die Gegenstände, und etwas ging zu Bruch.

Zum Glück fand ich Freunde. Ein Ehepaar, er ein alter Jazzer, sie eine blonde Schönheit. Während der Woche erschienen sie sehr oft im Hotel. Mein Mann hatte übrigens angeordnet, dass ich Freunden nie Getränke oder ein Essen ausgeben durfte. Zu dem Paar gesellte sich ein junger aufstrebender Geschäftsmann aus der Stadt, der häufig spontan vorbeikam und auch über Nacht blieb. Schon bald hatte er sein Waschzeug bei mir deponiert und wurde ein Dauergast. Dazu kam eine attraktive Dame mit riesigen Hüten und dem Ruf, dass sie sehr wohlhabend sei. Sie überschüttete mich mit teuren Geschenken, nur leider war sie lesbisch. Ich musste ihr klar und deutlich sagen, dass ich nicht an ihr interessiert sei. Aber sie blieb dennoch und setzte sich zu meinem «Fanklub».

Das erste Getränk ließ ich mir immer bezahlen, danach gab ich hin und wieder gerne etwas aus. Auch mal den Teller mit Schinken, in den roher Knoblauch eingewickelt war. Wir waren verrückt danach. Um Mitternacht setzte die Dame ihren Hut ab, und die Herren krempelten die Ärmel hoch. Dann wurde das Leergut weggebracht, wir Frauen putzten die Küche, die Männer schrubbten den Boden, das konnten sie irgendwie besser als wir Frauen. Anschließend wurde ein letztes Glas getrunken, alle fuhren nach Hause oder übernachteten im Hotel, und ich schloss ab. Ich trank aus Prinzip immer nur ein Viertel Weißherbst; ich hatte zu viele Geschichten von Wirten und Wirtinnen gehört, die ihr bester Gast waren. Ich brauchte den Wein auch gar nicht, aber ich hatte plötzlich Freunde, und die brauchte ich dringend.

Das nächste Drama bahnte sich an. Peering, über viele Jahre meine zweite Hälfte, die einzige Person, der ich ohne Vorbehalt meine Kinder anvertraute, nein, wir teilten sie uns, bekam keine Arbeitsgenehmigung mehr. Sie musste zurück auf die Philippinen. Ein Trauma für mich. Ich konnte nicht ohne sie leben! Und ich glaube, auch ein Trauma für unsere Kinder. Ich kämpfte mit den Behörden in Bonn. Ich wollte Peering «adoptieren», sie sollte ein Familienmitglied werden, eine Großmutter mit einer Rente, die ich ihr zahlen würde. Die Behörde teilte mir mit, so etwas gebe es nicht in den Ausländergesetzen. Kein Anwalt konnte ihre Abreise verhindern, kein Bitten und kein Flehen halfen. Auch ihre Kirchengemeinde, die sie im Tal gefunden hatte, konnte nichts ausrichten.

Es war ein kalter, grauer, sehr früher Morgen, als die Kinder um den großen Holztisch in der Küche saßen, um Abschied zu nehmen. Sie realisierten noch nicht das ganze Ausmaß dessen, was hier geschah. Peering ging, so dachten sie wohl, wie immer an ihrem freien Tag zu ihren Freunden aus der Kirchengemeinde. Nein, Peering ging aus unserem Leben, für immer. Im Auto umklammerten wir unsere Hände, soweit das beim Fahren möglich war, und weinten uns bis zur nächstgrößeren Stadt durch. Ich versicherte ihr unter Schluchzen, dass ich alles versuchen würde, um sie zurück zu ihren Kindern zu holen. Es gelang mir nicht. Die Behörde stellte sich weiterhin quer – und fertig. Dieses menschliche Drama ging sie nichts an. Peering war nur eine Nummer.

Eine Anita kam in unser Leben, ausgesucht von meinem Mann, ein rechtschaffenes Mädel von einem rechtschaffenen Bauernhof. Bei Vollmond blieb sie immer mit ihrem rechtschaffenen Freund drei Tage auf dem Berg, um rechtschaffen ihre Joints zu rauchen. Ich hasste sie von Anfang an, doch Roland beharrte auf ihrer Rechtschaffenheit und wusste gar nicht, was Joints sind. Als ich das Tal verließ und damit auch sie, ging sie noch vor Gericht und wollte meinen Mann, ihren Arbeitgeber, verklagen, sie sei doch damals schwanger gewesen, da hätte man sie nicht einfach kündigen können. Da zweifelte sogar Roland an ihrer Rechtschaffenheit.

Inzwischen war auch meine Mutter zu uns gezogen; sie sollte die Kinder beaufsichtigen. Das tat sie auch, aber mit den Methoden, unter denen ich als Kind schon gelitten hatte: «Ich spreche jetzt nicht mehr mit dir, bis du dich entschuldigt hast.» Ich war ihr aber dennoch dankbar, dass sie gekommen war, um mir zu helfen. Für sie war es oben auf dem Berg, in dem großen Haus und mit mittlerweile fünf Kindern auch nicht gerade lustig. Keinerlei kulturelle Anregungen mehr, keine Freunde, nur ein Haufen renitenter Kinder, die sich einen Spaß daraus machten, sie zu ärgern. Das fünfte Kind war der Sohn meines ältesten Bruders. Als er sich scheiden ließ, bekam er zu seinem Schrecken das alleinige Sorgerecht für seine beiden Kinder; er hatte das gar nicht gewollt. Die Tochter kam in eine Familie bei Stuttgart, der kleine Sohn zu mir. «Wo vier Kinder groß werden, hat auch noch ein fünftes Kind Platz», so die Aussage meiner Mutter. Roland wurde damals gar nicht gefragt, was sein Verhältnis zu diesem Kind sehr prägte.

Es drängte mich immer mehr, die Kinder ins Tal zu holen. Es gab einen ziemlich runtergekommenen Nebentrakt im Hotel, den ich ausbauen wollte; dort sollten auch die Kinder wohnen. Sie wären so in meiner Nähe, und ich wäre ständig für sie erreichbar. Meine Mutter hatte nämlich auch die Telefonverbindung zwischen mir und den Kindern verboten: «Mama darf nicht gestört werden.» Mein Anliegen wurde deshalb immer dringlicher. Ich begann, meinem Mann Briefe nach Frankfurt zu schreiben. War er am Wochenende bei uns, war er zu sehr mit der Korrektur unserer Arbeit beschäftigt, er hörte dann nicht zu. Doch ich glaube, er las auch die Briefe nicht.

Ein Gast reiste immer wieder an. Er war Journalist einer prominenten Zeitschrift, seine Sekretärin rief regelmäßig an und buchte für ihren Chef. Der Mann war ein stiller Gast, er wanderte den ganzen Tag und bekam abends eine Art Schonkost. Ich erfuhr, dass er einige Jahre zuvor das erste Mal in den Schwarzwald gekommen war, um hier zu sterben. Er hatte die Diagnose Krebs bekommen, die ihn so erschüttert, dass er sich scheiden ließ, sein Vermögen der Familie überließ und seine letzten Tage im Schwarzwald verbringen wollte. Er starb nicht, im Gegenteil, er gesundete, und zwar in dem Ausmaß, dass er eine neue, große Position annahm.

Dieser Journalist, Alfred, kam mehrmals im Jahr, saß stumm an seinem Tisch und beobachtete. Eines Tages überreichte er mir im Treppenhaus im Vorbeigehen einen Band von Hermann Hesse. «Das hilft», sagte er und ging weiter. Am Abend setzte ich mich zu ihm an den Tisch. Er hatte intensiv grüne Augen, und ich musste gar nicht viel sagen. Er hatte alles erfasst, alles mit diesen intensiven grünen Augen beobachtet. Ja, ich ging mit ihm ins Bett.

Und ja, das war moralisch verwerflich, aber es begann eine neue Ära.

Mir wurde dadurch klar, dass ich meinen freitäglichen «Eheverpflichtungen» nicht mehr nachkommen musste, nur um Roland bei Laune zu halten. Dass ich keine Minute länger meine Kinder opfern durfte, nur weil mein Mann seinen beruflichen Ehrgeiz befriedigt haben wollte. Wir befanden uns auf einem falschen Weg und waren dabei, uns gewaltig zu verirren. Als dann eines Tages mein gesamtes Personal kündigte, wusste ich: Es musste etwas geschehen. Meine Mitarbeiter sagten mir, sie würden Rolands Strenge und Launenhaftigkeit nicht mehr aushalten. Ich konnte sie zwar überzeugen, mir zuliebe zu bleiben, aber genau in dieser Zeit zog die Bundeswehr Benni ein. Ein gar nicht zu uns und dem Haus passender neuer Küchenchef wurde von Roland engagiert. Seine erste Amtshandlung war es, dem Lehrling im Lager heimlich eine Ohrfeige zu verpassen. Nur ahnte er nicht, dass ich Zeuge des Vorfalls wurde. Ich war auch Zeuge, als er seiner Frau am Hintereingang Lebensmittel zusteckte. Ich zeigte meinem Mann keine gelben Karten mehr, ich setzte ein Ultimatum: «Wenn die Kinder nicht sofort zu mir ziehen dürfen, dann ...» Keine Reaktion. Ich stellte ein zweites Ultimatum. Wieder keine Reaktion. Ich ging. Vorab passierte aber noch viel.

Unsere besten Freunde aus Manila waren angereist, um die Taufe ihres jüngsten Sohnes, meines Patenkinds, bei uns zu feiern. Die umliegenden Hotels und Privatunterkünfte waren alle belegt. Von nah und fern kamen die Gäste an, und ein munteres, trinkfestes Völkchen feierte sein Wiedersehen, untermalt von eigenen Familiendramen. Meine Freundin Katrin, die immer die lustige

Seite des Lebens sah, amüsierte sich über die zum Teil etwas weltfremden Verwandten königlich. Während der Feier war auch Alfred mit seinem jüngsten Sohn Gast in meinem Haus. Roland sah von außen durch ein Fenster, wie der Journalist sich seiner Meinung nach unsittlich nah meinem Gesicht näherte – augenblicklich gingen die Gäule mit ihm durch. Er raffte Alfreds Sohn Lars aus dem Bett und drückte ihn seinem Vater wutschnaubend in den Arm. «Verlassen Sie augenblicklich mein Haus!» Alfred antwortete ganz ruhig: «Entschuldigen Sie bitte, ich bin zahlender Gast im Hotel Ihrer Frau. Das muss sie mir schon selber sagen.» Wütend stampfte mein Mann davon, auf der Suche nach mir. Er fand mich im Zimmer meiner Freunde und schlug mir vor ihren Augen die Hand ins Gesicht. Ich flog durch den Raum und konnte für Sekunden nichts hören und nichts sehen. Auf allen vieren kroch ich zu meiner Freundin ins Bett. Ihr Mann zog seinen Schuh aus und baute sich vor meinem Mann auf. «Wehe!» Roland verließ wortlos das Zimmer. War das nötig? Wäre das nicht ein guter Zeitpunkt zum Reden gewesen? Das war keine gesunde Problemlösung.

Am nächsten Tag verhielt sich jeder so, als sei nichts gewesen. Mein Mann umklammerte sogar lange meine Hand; fast wäre ich weich geworden. Aber nur fast. Ich wollte doch nur, dass alles wieder so wurde wie in unseren Jahren im Ausland. Da waren wir uns einig gewesen und sehr glücklich miteinander. Dieses aber glich einem Albtraum. Wir konnten jedoch froh sein, dass unser persönliches Ehedrama im Trubel des Tauffests mehr oder weniger unbemerkt geblieben war.

Zum Abschied umarmte meine Freundin mich besonders fest und flüsterte mir ins Ohr: «Du musst hier raus, und zwar schnell. Du gehst hier kaputt, du gehörst hier einfach nicht hin.» Den Abschied von ihr empfand ich, als ob jemand die letzte Leine zu meinem wahren Leben gekappt hätte. Danach erschien mir alles noch viel schlimmer, wie ein entsetzlicher Traum, aus dem ich nicht aufwachen konnte.

Alfred bot mir an, ich könne zu ihm nach Hamburg kommen, mit allen Kindern. Ich sagte: «Ja.» Dann, einige Tage später, erklärte ich panisch am Telefon: «Nein, ich verlasse meinen Mann nicht.» Daraufhin folgte wieder ein Ja, das sich in ein Nein verwandelte: «Ich nehme ihm nicht die Kinder weg.» Aus dem Nein wurde wieder ein Ja. Das ging so eine Weile hin und her, bis meine Freundin, die noch in Deutschland war und der ich von Alfred erzählt hatte, sagte: «Alfred hat ein großes Haus gemietet, ich habe es eingerichtet, du kannst ihn nicht zum hundertsten Mal hinhalten. Das ist deine letzte Chance.» Ich erwiderte: «Ja, ich komme!»

Auf mein vorletztes Ultimatum hatte mein Mann sarkastisch geantwortet, ich solle mal mit dem Emanzen-Kram aufhören. Er hatte nichts verstanden, er merkte nicht, um was es mir ging. An erster Stelle war ich Mutter, an zweiter Stelle meinetwegen Wirtin. Und ich hätte beides gut miteinander verbinden können. Ich schrieb weinend mein letztes Ultimatum und packte heimlich unsere Sachen. Vorher bat ich meinen Schwiegervater um ein Gespräch. Ich dachte, er wäre ein Freund geworden. Er aber meinte nur, nachdem ich ihm alles erzählt hatte, ich solle mich zusammenreißen, so schlimm sei das doch nicht. Daraufhin sprach ich den ältesten Freund meines Mannes an, er reagierte ähnlich. Lachend fügte er noch hinzu: «Ich habe Roland immer gesagt, die Frau, die dich heiratet, die musst du mir erst mal zeigen!» Aber ich sei ja stark, ich würde das schon schaffen.

Ich klärte die Hotelmitarbeiter über meinen Fortgang auf, sie hatten sich das schon gedacht. Ich übergab ihnen Schlüssel, Safe und Kasse. Wir verabschiedeten uns tränenreich – ein Traum war zerbrochen. Auch für sie, denn wir waren in der Gegend etwas Besonderes, und sie hatten das Hotel auch sehr geliebt.

Alfred holte mich und die Kinder ab. Als wir an Frankfurt vorbeifuhren und ich die Skyline sah, brach mir mit einem lauten Krachen buchstäblich das Herz. Ich wollte nichts lieber als zurück zu meinem Mann. Egal, wie er war. Alfreds grüne Augen sagten: «Nein!»

Die Kinder stürmten begeistert in das große Haus, kämpften um die Zimmer und erforschten jede Ecke und jeden Schrank, jedes Bad, den Garten und die Spielsachen, die in Körben in den jeweiligen Zimmern standen. Sie jubelten und stellten keinerlei Fragen nach dem Warum und dem Wie lange. Ich saß heulend auf meinem Bett und hatte Heimweh der schlimmsten Sorte. Dann kroch ich in meinen Kleidern unter die Decke und stellte mich tot. Ich stellte mich lange tot. Alfred und meine Freundin regelten den Alltag der Kinder. Alfred hatte auch meinen Mann angerufen, um ihm mitzuteilen, wo sich seine Frau und die Kinder befanden. Roland hatte flehentlich gejammert: «Vergesst mich nicht. Ich mache alles wieder gut!» – und meldete als erste Handlung unsere Krankenkasse ab. Ich reagierte darauf mit einem Brief, geschrieben von einem Anwalt, in dem es über eventuelle Unterhaltszahlungen, eine offizielle Trennungsvereinbarung und ein Besuchsrecht ging.

Die Geschichte mit der Krankenkasse katapultierte mich zurück ins reale Leben. Ich stand endlich auf und stellte mich den neuen Aufgaben, meinem neuen Alltag. Die Kündigung der Krankenkasse wurde zurückgenommen, auf Unterhalt verzichtete ich auf Alfreds Bitte hin. Er meinte, er habe genug für uns alle. Das Besuchsrecht ließ ich offen, forderte aber eine Vollmacht für alle Entscheidungen bezüglich der Kinder, etwa für die Einschulung. Da wurde immer die Unterschrift des Vaters mitverlangt. Ich meldete uns beim Ortsamt an und erledigte viele andere behördliche Dinge.

Die Vollmacht bekam ich sofort, der Verzicht auf Unterhalt wurde nicht kommentiert. Es wurden auch sonst keine Fragen gestellt. Alfred stellte mir ein Auto vor die Tür und überreichte mir eine eigene Scheckkarte und eine Karte für den Großhandel, was sehr weise war, denn zu meinen Kindern gesellte sich noch sein ältester Sohn Hannes, der in einer Nacht-und-Nebel-Aktion vor seiner alkoholkranken Mutter geflohen war; der jüngere Sohn, Lars, kam nur in den Ferien. So hatte ich sieben Kinder um mich herum – und genoss es. Ich kochte in großen Töpfen, ließ fünfe gerade sein und lernte meine eigenen Kinder ganz neu kennen. Wie es aber weitergehen sollte, wurde von beiden Seiten zur Seite geschoben.

Was mit meinem Hotel passierte, erfuhr ich erst sehr viel später. Mein Mann hatte sich eine Auszeit bei seiner Firma erbeten und sich statt meiner in die Hotelarbeit gestürzt.

Das währte kürzer als kurz: Die Arbeit war ihm zu anstrengend. Allein hinter dem Tresen zu stehen und gleichzeitig die eintretenden Gäste mit einem freundlichen Wort und freundlichen Blicken zu begrüßen, empfand er als Zumutung. Er kündigte den Pachtvertrag, verkaufte alles, was uns gehörte, und wieder einmal hatte das Hotel, wie es sein Ruf war, eine Ehe zerstört. Wir waren übrigens nicht die letzten «Opfer» dieses Aberglaubens. Den nachfolgenden Pächtern erging es genauso. Ich lernte sie eines Tages kennen, und die Wiederholung war schon unheimlich, als läge tatsächlich ein Fluch über dem Haus.

Alfred war ein sehr stiller, sehr gelassener Mensch mit einem großen Herzen und einer ausufernden Großzügigkeit mir, besser gesagt, uns allen gegenüber. Er stand sehr früh auf, machte einen langen Spaziergang durch den nahe gelegenen Wald, bereitete nach seiner Rückkehr das Frühstück für die vielen Kinder vor, selbst aß er nur spärlich und nur Dinge aus dem Reformhaus. Mir servierte er einen Kaffee im Bett. Anschließend fuhr er in die Redaktion und arbeitete bis spätabends. Wieder zu Hause, setzte er sich mit mir vor den Kamin, und wir führten lange Gespräche, wobei leider sehr oft mein schlechtes Gewissen gegenüber meinem Mann das Thema war – was mir heute sehr leidtut. Aber Alfred verlor nie die Geduld, bestätigte mir immer und immer wieder, dass ich ein Recht auf ein eigenes Leben habe. Er war ein Mensch, der viele Stunden allein sein musste. Wir waren «sein Hühnerhof», und er liebte die familiären Geräusche im Hintergrund. Aber nicht zu nah. Er war kein Tobe-Vater, kein Sportsfreund, keiner, der Witze machte oder mit den Kindern Spiele spielte. Er war für Probleme bei den Kindern jederzeit ein Ansprechpartner, aber er brauchte viel Zeit, um sich mit seinen Gedanken bezüglich seiner Arbeit auseinanderzusetzen. Soziale Kontakte mied er, und wenn es an der Haustür klingelte, zuckte er zusammen. Jede Woche gingen wir einmal in sorgfältig ausgewählte Restaurants essen, und vorher war es seine größte Freude, mir schöne Kleider kaufen zu können. Das alles hatte eine merkwürdige Diskrepanz, aber ich machte gerne mit. Gäste wollte er nicht, einladen konnte man ihn auch nicht. Er wollte nur mit mir zusammen sein und im Hintergrund gerne die Geräuschkulisse der ganzen Meute.

Die abendlichen Gespräche führten dazu, dass unser Zusammensein eine andere Qualität annahm. Wir redeten, diskutierten, hörten Musik – und Alfred weckte mein Gehirn auf. Er inspirierte mich, regte mich zum Schreiben an, was ich heimlich schon immer getan hatte. Ich hatte erste kleine Veröffentlichungen, ging auf Lesungen, lernte andere schreibambitionierte Menschen kennen. Er unterstützte mich, nahm Korrekturen vor, gab mir Regeln mit, feuerte mich an und glaubte an mich. Mein erstes veröffentlichtes Buch handelte von ihm und seinem Sterben. Welch Ironie. Wir hatten drei Jahre und wenige Wochen Zeit, um unser Leben miteinander zu verbinden, und ich hatte große Schwierigkeiten, ihn gehen zu lassen. Ich liebte ihn. Das Buch heißt *Lass los, ich fliege. Eine Liebesgeschichte.*

SEIN STERBEN –
EINE ART TAGEBUCH

29. August

Heute sprach Alfred sehr lange über sich. Das ist sonst nicht seine Art. Seine Verschlossenheit hat mich oft so wütend gemacht. Am liebsten spricht er über mich, und meine Eitelkeit lässt es immer wieder zu, dass ich zum Hauptthema werde. Um zweiundzwanzig Uhr ging er zu Bett und schlief auf der Stelle ein. Das tut er, der sonst bis weit nach Mitternacht wach ist, in letzter Zeit häufig. Es macht mir Sorgen.

31. August

Irgendwie habe ich so ein seltsames Gefühl. Ich spüre, dass Alfred sehr krank ist, aber er will nichts davon wissen. Spreche ich ihn darauf an, werden seine Lippen ganz schmal, und er schaut mich mit so etwas wie Hass in den Augen an. Oder bilde ich mir das nur ein?

4. September

Es muss etwas geschehen – Alfred verfällt buchstäblich vor meinen Augen. Er sitzt stundenlang in der Badewanne und schweigt. Nein, zum Arzt will er nicht. Warum denke ich ständig an Krebs? Noch hat er Ferien, was wird, wenn er wieder in den Verlag muss? Etwas Bitteres ist um seine Mundwinkel. Nachts liebt er mich mit einer Heftigkeit und einem Ernst, der mich zittern lässt. Wo ist unser Lachen, wo ist unsere Zärtlichkeit? Letzte Nacht fragte er ganz intensiv: «Weißt du eigentlich, wie sehr ich dich liebe? Weißt du das eigentlich?»

Und dabei drückte er meine Schultern schmerzhaft hart in die Kissen.

Was ist es, das ihn plötzlich zweifeln lässt an meinem Wissen über seine Gefühle? Irgendetwas Dunkles, Drohendes hängt über uns. Ich fühle es ganz genau. Und auch die Kinder spüren es. Sie sagen nichts, aber sie schauen ihn schüchtern von der Seite an. Ich habe das mehrmals in den letzten Tagen beobachtet. Sie, die sich sonst an ihn hängen und auf ihm herumklettern, lassen ihn plötzlich ganz zufrieden. Er will nicht mit mir darüber reden. Nein, Schmerzen hat er nicht, nein, es geht ihm gut, nein, ich soll nicht so fragen.

Wir leben jetzt seit knapp drei Jahren zusammen. Wir haben es nicht leicht. Das, was wir tun, wird von der Umwelt nicht akzeptiert. Eine Mutter verlässt mit fünf Kindern ihren Mann, der gewiss kein Teufel ist, und zieht in eine andere Stadt, zu einem anderen Mann.

Warum lässt du mich jetzt so hängen? Ich weiß genau, du bist krank.

7. September

Er hat nur noch Monate!
Mein Gott, hilf uns!
Jede Minute will ich dir schön machen. Jede Minute soll in-

tensiv sein. Jede Minute will ich dich lieben. Jede Minute soll dir gehören. Jede Minute deines dir verbleibenden Lebens will ich dich streicheln, dich lieben. Jede Minute bei dir sein. Deine Hand halten, deine Füße, dein Gesicht. Jede Minute dich ansehen und dich aufnehmen. – du hast diese Krankheit nicht verdient. Du bist noch jung, wir haben uns doch gerade erst gefunden. Wir fangen doch gerade erst an!

Vor einer Woche noch hast du gesungen, gepfiffen, sind wir im Regen einen Hügel hinaufgelaufen. Du warst weit vor mir. Das ist doch noch nicht lange her? Da konntest du doch noch nicht diese Krankheit in dir haben? Du hast gewonnen bei diesem Wettlauf, verstehst du, du hast gewonnen!

Gestern waren wir bei Dr. Möller. Er hat dein Röntgenbild vor die Lichtscheibe geklemmt, er hat dir einen Stuhl angeboten. Du hast abgelehnt, mit einer ungeduldigen Handbewegung. Nein, du wolltest nicht sitzen. Ich fiel halb ohnmächtig in den für dich bestimmten Stuhl, denn was ich da vor mir sah, das konnte sogar ich als Laie erkennen. Ein großes, rundes Ding. Das ist es, das ist das Untier, das in dir frisst, das schon lange in dir gefressen haben muss. Das ist unser Feind, das ist der Teufel, das ist unser direkter Gegner. Du bist nahe an die Scheibe getreten, hast dir alles ganz genau erklären lassen, fragst nach, hast diesen konzentrierten Ausdruck im Gesicht, den ich von dir kenne, wenn du einer besonders wichtigen Geschichte auf der Spur bist. Du hast sogar dieses feine Lächeln um den Mund. Auch das kenne ich. Plötzlich taumelst du rückwärts, fällst fast auf mich. Ich ziehe dir die Schuhe wieder an, die Jacke, nehme deinen Arm, wir fahren nach Hause.

Wir sitzen im Auto und reden kein Wort. Wir schauen uns nicht einmal an. Auf einmal zählst du alles auf, was du *morgen mit ins Krankenhaus nehmen willst. Um acht Uhr sollst du dort sein. Sie wollen einige Untersuchungen an dir vornehmen. Ich spüre, wie du mich zaghaft von der Seite betrachtest. Und plötzlich weiß ich es – ich muss ein ruhiges Gesicht zeigen, das Zwinkern um meine Augen muss aufhören, ich will ein starkes Gesicht zeigen. Ich lächele dich an, und plötzlich fühle ich mich fast froh, aber du ahnst nicht, warum. Ich lächele, weil du noch da bist, mein Geliebter, noch bist du da. Ab heute müssen wir auf dieser Sparflamme kochen. Zu Hause lässt du dich von mir ins Bett bringen. Ich ziehe dich aus. «Nicht so schnell», sagst du. Ich muss lernen, langsam und behutsam mit dir umzugehen. Du musst furchtbare Schmerzen haben. Wie hast du das so lange verbergen können?*

Du schläfst von einer Minute zur anderen ein. Ich habe noch nicht einmal deine Kleider vom Boden aufgehoben.

In der Küche backe ich Pfannkuchen für die Kinder. Sie wundern sich, warum sie um diese Uhrzeit ihr Lieblingsgericht bekommen. Es ist erst Nachmittag. Ich erzähle ihnen nichts. Nur deinem achtzehnjährigen Sohn Hannes sage ich, dass du sehr krank seist. Was es ist, wüssten wir noch nicht genau. Die Ärzte würden es in dieser Woche herausfinden. Du wolltest, dass ich es so sage. «Es kann ja noch werden», hast du gesagt. «Die nehmen das raus, und dann ist es weg.» Der Arzt hat es dir so gesagt. Zu mir hat er, als wir einen Moment allein waren, gesagt, Monate, höchstens bis Weihnachten. Er ist unser Nachbar, er kennt uns genau genug, um zu wissen, dass er es mir sagen muss. Bis Weihnachten – wir haben jetzt September!

8. September

Um acht sitzen wir im Flur des Krankenhauses. Eine Leistung, es so pünktlich geschafft zu haben. Du sitzt auf dem harten Plastikstuhl, ein wenig nach vorn gebeugt, hast ganz offensichtlich Schmerzen. Immer wieder schaust du auf die große Uhr an der Wand.

«Soll ich zur Schwester gehen?»

«Nein», sagst du, «mach das nicht.»

Und wieder sehe ich dir an, du willst nicht auffallen, willst keinen Extragefallen, wie oft habe ich diese Eigenschaft an dir erlebt. Wenn eine Platzreservierung nicht klappte, wenn ein Termin platzte, macht doch nichts, nein, sag nichts.

Ich sehe Schweißperlen auf deiner Oberlippe, deine Hautfarbe ist fahl. Ich springe auf, frage dich nicht.

«Wieso ist er denn schon um acht da?», fragt die Schwester hinter der Scheibe konsterniert. «Die Betten sind immer erst um elf Uhr fertig.»

Um elf Uhr, ich werd verrückt, um elf Uhr, und sie haben dich für acht bestellt! Ich habe dich aus dem Bett rollen müssen, du hast geflüstert: «Lass mich nur noch ein paar Minuten schlafen, dann schaffe ich es.»

Um acht Uhr!

Als ich zu dir zurückkomme, schaust du mich an wie ein Tier, das man ganz furchtbar geprügelt hat, die Arme fest vor den Unterleib gedrückt. Du kannst nicht mehr.

Ich fliege förmlich zurück zur Schwester, fünf Minuten später liegst du auf einem Bett, eine Spritze wird vorbereitet. Langsam strecken sich deine Beine, öffnen sich die Fäuste, die Augen sind fest geschlossen, deine Lippen weiß. Acht Uhr! Ich darf so etwas nie wieder vorkommen lassen. Ich werde ab

143

jetzt keine Minute von deiner Seite weichen. Und ich werde den Schwestern sagen, dass du kein «er» bist. Jeder Mensch hat einen Namen und persönliche Würde. Ich werde ab jetzt über die deine wachen.

Im Nebenbett liegt ein Mann im Koma. Er atmet durch einen Schlauch, der an seinem Hals befestigt ist. Es gurgelt, es rauscht, ab und zu hört es sich nach Husten an. Er liegt dort total bewegungslos. Du liegst auch so. Bewegungslos.

Es kracht gegen die Tür. Ein Wagen wird hereingerollt, ein Teller mit einem Deckel auf deinen Nachttisch gestellt, das Kopfende hochgedreht, du wachst mit Entsetzen in den Augen auf. Zehn Zentimeter vor deinem Gesicht liegt ein graues, glänzendes Stück Schweinebraten, übergossen mit fetter Soße.

Sofort fängst du an zu würgen, und ich reiße den Teller vom Tisch, knalle ihn auf den Wagen zurück und schiebe den verdutzten Krankenpfleger heftig aus der Tür.

Was machen die hier mit dir? Das sollte doch jeder Mensch wissen, dass sich ein Patient mit Darmkrebs tödlich vor Fleisch ekelt. Außerdem kannst du so etwas schon lange nicht mehr essen.

Nur mühsam kann ich dich beruhigen, immer wieder würgt es dich.

Mein Liebster, ich werde dich pflegen. Das war der zweite Fehler heute, und wir haben doch keine Zeit mehr für Fehler!

9. September

Um zehn Uhr soll ich anrufen. Gestern Abend haben sie entschieden, dass du heute operiert wirst. Warum plötzlich die Eile?

«Keine Angst», sagt die Schwester, «es ist nur, weil der Profes-
sor plötzlich einen Termin freibekam.»

So schnell, so furchtbar schnell, wir haben doch noch gar
nicht darüber reden können. Wir haben noch kein Wort
über dieses Tier da in deinem Bauch gesprochen. Es geht
alles zu schnell.

Ganz früh riefst du an.

«Du, stell dir vor, ich sitze hier auf der Bettkante. Ich habe
überhaupt keine Schmerzen. Ich glaube, die haben sich
geirrt. Pass mal auf, die haben bestimmt die Röntgenbilder
vertauscht.»

Und dann lachst du, leise und verhalten, aber so, als habest
du sie angeschmiert. Und dann: «Sie kommen gerade, um
mich zu holen. Heute Abend sehen wir uns, und dann weißt
du Bescheid, dann haben wir die Bestätigung ihres Irrtums.»
Ich wecke die Kinder, mache ihnen Frühstück, küsse sie an
der Haustür, bevor sie in die Schule gehen, meine Schätze.

Dann setze ich mich ins Bett, nehme meinen Kaffee mit. Ver-
schütte ihn, ein großer brauner Fleck bildet sich. Denke an
dein Blut. Sie werden in dein Fleisch schneiden, sie werden
dich öffnen, werden in dein Inneres schauen, da, wo noch
nie ein menschliches Auge hingeschaut hat. Sie werden das
Ding da rausschneiden, werden dich zunähen. Zunähen!
Es ist erst halb neun, und ich halte es nicht mehr aus.

Rufe an, lasse mich verbinden, eine Frauenstimme meldet
sich. Wer ich sei. Ich nenne meinen Namen. Nein, sie könne
nur seiner Frau Auskunft geben. Ich versuche zu erklären;
nein, das stimmt, ich bin nicht seine Frau, aber die ist ganz
woanders, sie weiß von nichts. Wir leben zusammen. Nein,
sagt sie weiterhin kühl, sie habe keine Befugnis, mir Aus-
kunft zu geben, nur seiner Frau.

145

Da schreie ich, so laut ich kann: «Ich bin seine Frau, weil ich die Frau bin, die ihn liebt und die er liebt. Insofern bin ich seine Frau, verstehen Sie, seine Frau, seine Frau!»

Stille.

«Bitte verzeihen Sie mir, es sind die Regeln. Es tut mir leid. Bitte kommen Sie. Wir haben ihn geöffnet und sofort wieder geschlossen. Es ist nichts mehr zu machen. Wir haben ihm allerdings einen Anus praeter gelegt, einen künstlichen Darmausgang. Kommen Sie, ich erwarte Sie.»

Nachts.

Vollgepumpt mit Medikamenten habe ich fünf Stunden geschlafen. In deinem Bett, in deinem Krankenzimmer, wenn du von der Intensivstation kommst. Ich darf bei dir bleiben, sie haben es erlaubt. Sie werden ein Extrabett in dieses Zimmer stellen.

Zu dir durfte ich noch nicht.

Und dann trifft es mich plötzlich zum ersten Mal in voller Stärke – du stirbst. Du wirst weg sein, weg, unter der Erde. Dein Körper wird zerfallen, deine wunderschönen dichten Haare, deine grünen Augen, die Hände, die mich so viel haben genießen lassen. Du wirst nicht mehr da sein, wenn meine Einsamkeit anfängt. Du bist aber doch der einzige Mensch, mit dem ich darüber reden kann.

Ich schreie, schreie, schreie. Wohltuende Arme umfangen mich. «Ich weiß, lass dich ruhig gehen.» Nachtschwester Edith.

Draußen vor dem hohen Fenster ziehen große Wolkenberge vorbei. Es wird langsam hell. Die ersten Autos fahren die Straße entlang. Eine Pappel wiegt sich sanft hin und her. Ich bleibe mit dem Buch auf den Knien auf der breiten Fensterbank sitzen. Ich werde die Betten so stellen, dass du die Wol-

ken und die Pappel sehen kannst. Wann habe ich das letzte Mal gebetet? Früher, als Kind, vor Arbeiten in der Schule. Aber es hat nichts genutzt. Es wurden immer miese Zensuren, weil mich die Prüfungsangst lähmte. Und außerdem war dieses Beten eine Unverschämtheit. Aber jetzt, lieber Gott, bete ich ja nicht für mich. Lass ihn nicht so leiden, ich bitte dich!

10. September

Sie wollten mich nicht auf die Intensivstation lassen. Ich habe mit ihnen gerungen. Schließlich gaben sie mir einen Kittel, eine Haube und Schwesternschuhe. Auf der Schuhsohle steht ‹Schwester Carola›.

Deine Haare sind über Nacht eisgrau geworden. Du liegst unter einem grünen Laken, starr, steif, wie ein gefällter Baum. Du liegst in einem Netz aus Drähten und Röhren. Überall sind Schläuche angeschlossen. An deinem Kopfende tickt eine Maschine laut und aufdringlich. Deine Füße sind eiskalt und blau. Ich nehme sie zwischen meine warmen Hände und reibe sie zart, bis sie warm werden. Erst dann habe ich den Mut, mich deinem Gesicht zu nähern.

Im Mundwinkel Blut. Wieso das? Sie haben doch deinen Bauch aufgeschnitten. Getrocknetes braunes Blut, es zieht einen feinen Strich zum Kinn hin. Ich traue mich nicht, es zu entfernen. Du bist mir furchtbar fremd.

Leise ziehe ich einen Stuhl an die Bettkante und halte deine Hand. Warte endlos. Stunden vergehen. Dies scheint mir der lauteste Raum, den ich kenne. Bett an Bett, Menschen eingewickelt in Schläuche, überall tickende Maschinen. Jede Maschine hat einen anderen Rhythmus. Das ist ja Wahnsinn. Das ist ja die pure Folter. Ich merke, wie mir der Schweiß *ausbricht, den Rücken hinunterläuft. Die Sonne scheint hart ins Zimmer, direkt auf dich, auf die alte Frau im Nebenbett. Sie liegt auf einem Gummiring, nackt. Preisgegeben. Nicht so mit dir, nicht so, ich verspreche es dir. So nicht.*

Du ziehst die Knie an, hinter deinen Lidern bewegen sich deine Augen, der Monitor spielt verrückt, eine Schwester kommt und senkt eine Spritze tief in dein Fleisch. Langsam strecken sich die Beine.
«Sie müssen jetzt aber wirklich gehen.»
«Ich bleibe, und zwar die ganze Nacht.»
Sie schaut mich lange an. Es ist wie ein Kampf mit den Augen, und ich schiebe die Unterlippe über die Oberlippe, wie als Kind, wenn ich Angst hatte und sie nicht zeigen wollte. «Gut», sagt sie plötzlich. «Wir sind nur nicht daran gewöhnt. Die meisten Verwandten haben Angst, und das können wir hier nicht gebrauchen. Ich finde es gut, dass Sie bleiben. So sollte es sein. Versprechen Sie mir aber, jetzt etwas zu essen. Ich brauche keine weiteren Patienten.»

11. September

Alfred und ich sind zusammen in seinem Zimmer. Ich bin sehr froh darüber, und ich glaube, dass alle Handreichungen, die ich für ihn mache, ihm guttun. Als er schläft, immer nur mit Spritze, betrachte ich sein Profil. Die Hautfarbe ist wieder normal. Eigentlich sieht er absolut gesund aus. Denkt man sich die ganzen Apparaturen weg, könnte er ein gesunder Schlafender sein. Doch dann öffnen sich seine Lippen ein wenig, er wird grau im Gesicht und stöhnt leise. Wird er so grau aussehen, wenn es so weit ist? Noch ist er voller Hoff-

nung. Alle nicht betroffenen Organe arbeiten fantastisch. Stuhl im Beutel, Urin, die Lunge arbeitet, die Muskeln sind nicht mehr so verkrampft. Es erstaunt mich, wie schnell ein Patient, ein frisch Operierter, wieder zum Laufen gezwungen wird. Alfred hat schon drei Schritte getan. Rechts und links eine resolute Krankenschwester, die ihm laut lachend zuredeten.

Ich sitze auf dem zweiten Bett, die Füße unter mich gezogen, die Zähne fest zusammengebissen. Das ist doch heller Wahn, was sie da mit ihm machen! Was soll die Quälerei für diese kurze Zeit, die ihm bleibt? Was ist dies dumme Gerede über den Kreislauf und den Darm? Der Darm ist doch nur noch ein jämmerliches Stück, ein Rest, befestigt an der Bauchdecke, mit einem künstlich angelegten After.

Ich konnte noch nicht hinschauen.

Er quält sich, stöhnt, hat Schweiß auf der Stirn. Und dann ein triumphierendes Lächeln mit bleichen Lippen. «Hey, ich kann schon wieder, siehst du, ich schaff das.»

Stimmungsumschwung. Plötzlich bin ich den Schwestern dankbar, dass sie ihn aus dem Bett gerafft haben.

Ich muss lernen, die Dinge, die auf uns zukommen, durch seine, mit seinen Augen zu sehen. Und ich muss lernen, die Wellen der Verzweiflung und die immer wieder aufkommende Hysterie zu unterdrücken. Tatsache ist, er und ich stehen dieser Krankheit ohnmächtig gegenüber. Jede Frage nach dem «warum gerade er» reißt nur immer wieder neue Wunden auf. Und die schmerzen dann zusätzlich. Ein weiterer Schmerz aber wäre unerträglich. Ich muss jetzt für mich lernen, die Erkenntnis der Situation langsam zu dosieren. Immer nur nach und nach die Dosis, die erträglich ist. Nur dann kann ich gut für ihn und mit ihm sein.

12. September

Du hast es gern, wenn ich auf der breiten Fensterbank sitze und in dieses Tagebuch schreibe. Du möchtest auch, dass ich eine Zigarette rauche. Du riechst es gern. Du fragst, ob ich mir mein Parfum von zu Hause bringen lassen kann. Du hast es immer sehr gemocht. Essen magst du nicht. Aber du erträgst, es zu riechen. Ich denke die ganze Zeit darüber nach, ob ich dir sagen soll, wie es wirklich um dich steht. Ich habe es dir versprochen, denn du hast natürlich fest damit gerechnet, dass man dir nicht alles sagt, mir aber nichts verschweigt. Bislang hast du nicht ein einziges Mal gefragt. Wir haben, wenn ich es recht bedenke, die ganze Zeit noch kein erlösendes Wort über deine Krankheit gewechselt. Du hast nicht nach dem Ausgang der Operation gefragt, du hast nichts dazu gesagt, als die Schwester da irgendetwas an der linken Seite deines Unterbauches machte. Du hast dann immer zur Decke geblickt, auch nicht meine Hand halten wollen.

Im Schlaf nimmt dein Gesicht den Ausdruck eines weinenden Kindes an.

Ich habe ohne Schlaftablette geschlafen.

Die Betten, so zusammengeschoben, sehen aus wie ein breites Ehebett. Unser Blick geht in Richtung Fenster. Wir liegen nebeneinander. Ich habe einen Fuß unter deine Füße geschoben, so wie du es schon immer mochtest. Meine rechte Hand ist mit deiner linken verknotet. Wir liegen flach auf dem Rücken und schauen beide aus dem Fenster in die Nachtwolken.

Soll ich es dir jetzt sagen?

«Ich liebe dich jetzt eigentlich noch stärker. Schon allein dar-

um werde ich es schaffen. Wir wollen doch noch nach Sibi-
rien. Nächstes Jahr.»

Du lächelst zu mir herüber.

Nein, es wäre nicht der richtige Moment gewesen.

Der Chirurg, Dr. Matties, hat mir gesagt, es sei noch schlim-
mer gewesen als erwartet. Weihnachten vielleicht.

«Er wird bestimmt noch einen Aufschwung erleben. Sicher
können Sie mit ihm noch einmal in ein Restaurant gehen. Er
wird auch wieder Fleisch essen.»

«Soll ich es ihm sagen, Doktor, soll ich? Ich bin so unsicher,
ich habe so große Angst, dass ich ihm damit jeglichen Mut
nehme!»

«Ich weiß es nicht. Sie werden wissen, was am besten für ihn
ist. Ich weiß es wirklich nicht. Nicht einmal genau, wann es
so weit sein kann. Sehen Sie, ich werde zu oft mit Gott ver-
wechselt. Das macht mich kaputt.»

Im Schwesternzimmer höre ich eine männliche Stimme sa-
gen:

«Echt, der Patient von Zimmer sechs. Echt, das war so ein
Ding, so was habe ich noch nie gesehen. Eine Mondland-
schaft ist nichts dagegen. Der ist eine völlige Kraterland-
schaft. Nee, also dem geb ich noch fünf Minuten. Gib mir
mal Feuer, ich muss eine rauchen.»

Sie reden von dir. Ich stürze in die Toilette, muss mich über-
geben, beiße in das Handtuch, um mich nicht wieder zu
übergeben. Beiße ins Handtuch, um nicht zu schreien. So
schlimm ist es also?

Du liegst mit offenen Augen im Bett. Ganz ruhig. Lächelst,
als ich eintrete. «Du, ich bin irgendwie furchtbar glücklich.
Hältst du das für Spinnerei? Ich hätte gern ein Kind mit dir.
Aber erst, wenn ich wieder okay bin.»

Ich muss es dir sagen. Du bist zu intelligent, um dich von mir belügen zu lassen. Ich weiß nur nicht, wie – und wann.

Heute Nachmittag kommt Dr. Matties. Seine erste Visite nach der Operation.

Die beiden haben über ihre Berufe gesprochen. Dr. Matties liest Alfreds Artikel, schon immer, und Alfred sagt, er bewundere Chirurgen. Das seien die wahren Meister.

Ich stütze mich mit einem Finger an der Wand ab, um nicht umzufallen. Bewusst habe ich mich so gestellt, dass du mich nicht sehen kannst. Kein Wort wird über den Verlauf der Krankheit gesagt. Sie reden wie zwei Männer im Konferenzzimmer einer großen Firma. Dann verabschieden sie sich mit Handschlag, jeder hat dem anderen seine Hochachtung ausgesprochen, beide haben nichts gesagt. Ob ihnen das bewusst ist? Sehe ich alles falsch? Ist das vielleicht die Art, wie Männer mit solchen Dingen umgehen? Sehe ich eine Dringlichkeit, die gar nicht vorhanden ist? Sehe ich das zu emotional? Aber was gibt es, das die Gefühle stärker beansprucht als dies, als sterben? Nehme ich ihm nicht die Chance, noch Dinge zu sagen, zu tun, indem ich schweige und ihm damit seine Zeit, seine verbleibende Zeit stehle?

Treffe abends spät noch einmal Dr. Matties auf dem Flur. Er schaut mich ganz seltsam an.

«Ich muss Ihnen gestehen, ich habe die ganze Nacht darüber nachgedacht, ob man es ihm sagen soll oder nicht. Ich habe schon fünfhundert dieser Operationen gemacht, aber aus irgendeinem Grund habe ich noch nie so intensiv darüber nachgedacht. Vielleicht weil er mein Alter hat.»

Nachts, als Alfred schläft, mit sehr viel Medikamenten, schleiche ich ins Schwesternzimmer. Schwester Edith bringt mir das Spritzen bei. Wir nehmen eine Orange, und sie zeigt mir immer und immer wieder geduldig, wie ich die Ampulle öffne, die Spritze aufziehe, die Nadel sanft, aber bestimmt unter die Haut steche, und vorher, denn das wäre sehr schlimm, auf keinen Fall vergessen, die Luft aus der Spritze zu entfernen. Es scheitert ständig an meinen zitternden Händen. Aber ich werde es noch lernen.

«Und Sie müssen immer die richtige Stelle finden. Sie darf nicht hart sein. Zum Schluss ist es sehr schwer, noch eine Stelle zu finden, aber es gibt immer noch eine. Und ganz, ganz ruhig bleiben. Das ist die Hauptsache. Sein Wohlbefinden wird von Ihrer Ruhe abhängen.»

Schwester Ediths Mann ist gerade zu Hause an Krebs gestorben. Seitdem ist sie Nachtschwester, weil sie die Nächte ohne ihn nicht ertragen kann.

«Ich will, dass Alfred zu Hause stirbt. Nur er und ich.»

Ob er dies auch will?

«Nein», sagt sie entsetzt, «das ist zu schwer, Kindchen, das können Sie nicht. Sie wissen nicht, was auf Sie zukommt. Tun Sie es nicht!»

«Doch. So und nicht anders.»

Seitdem lehrt sie mich spritzen und auch noch andere für ihn wichtige Dinge. Umbetten, heben, waschen, ohne Schmerzen zu bereiten. Wir treffen uns, solange wir hier im Krankenhaus sind, jede Nacht. Mit einer Umarmung geben wir uns das Versprechen durchzuhalten.

13. September

Schwester Annemarie betritt das Zimmer.

«Ich habe gehört, Sie wollen Ihren Mann mit nach Hause nehmen?»

Danke für «Ihren Mann», ich habe mich gerade in der Administration herumstreiten müssen, weil ich nicht deine Ehefrau bin, aber mit dir im Zimmer wohne.

Dr. Matties hat dann sofort und sehr wütend angeordnet, dass ich ein Krankenkassenbett dritter Klasse angerechnet bekomme.

Schwester Annemarie sagt: «Dann wollen wir mal den Anus praeter in Angriff nehmen. Das kann zu einem Problem werden, kann aber auch eine positive Erfahrung sein. Sie müssen sich entscheiden. Anus praeter sind mein spezielles Anliegen, ich habe gerade eine Woche Seminar hinter mir. Was hier normalerweise in Deutschland gemacht wird, ist ja wohl deprimierend. In Amerika sind sie schon viel weiter. Und ich zeige Ihnen jetzt, was ich gelernt habe.»

Sie zieht dir resolut die Decke weg und schnauzt mich an: «Schaun Sie nicht so entsetzt. Er kann damit noch junge Mädchen verführen, ohne dass Sie das merken!»

Und während sie dir mit schnellen Griffen den hässlichen gelben Beutel mit einem noch hässlicheren roten Gummiring vom Bauch zieht, murmelt sie:

«Entschuldigen Sie, dass ich das so direkt sage. Aber ich habe von den Schwestern gehört, was Sie vorhaben, und wenn man A sagt, muss man auch B sagen.»

Du schaust noch viel entsetzter zur Decke als ich.

«Kommen Sie, kommen Sie», ruft mich Schwester Annemarie. «Heute zeige ich es Ihnen, und ab morgen üben Sie unter meiner Aufsicht, bis Sie es können.»

Mit einer unglaublichen Zartheit wischt sie mit einem Wattebausch um dieses «Auge» da auf deinem Bauch. Es ist ein bösartiges, rot umrandetes Auge, was mich anblickt. Es ist geschwollen, sieht ungesund aufgeworfen aus, und ich halte *mich an den Stäben deines Bettes fest, denn ich sehe es zum ersten Mal.*

Ein bösartiges Auge, vielleicht drei Zentimeter lang. Ungefähr zwölf Zentimeter schräg links unter deinem Nabel. Plötzlich bewegt es sich. Öffnet sich, ganz sanft drückt sich ein blassbraunes Würstchen heraus, gefolgt von einem leisen Ton. Mir bleibt vor Entsetzen der Mund offen stehen. Du blickst langsam an dir herunter. Ich sehe es ganz genau. Und dann, dann passiert das Unglaubliche: Wir drei fangen ganz furchtbar an zu lachen.

«Ich habe gepupst, und das in Damengesellschaft!»

Du lachst so laut und so lange, dass Schwester Annemarie dir die Hände auf die Operationsnarbe drücken muss, damit sie nicht platzt. Du lachst, die Tränen laufen dir die Wangen herunter. Auch Annemarie lacht, nein, sie wiehert fast. Ich sitze auf dem Fußboden und halte mir den Bauch. «Du hast gepupst!»

Es ist der helle Wahnsinn, es ist wunderbar. Danach machen wir uns an die Arbeit.

Als sie das Zimmer verlassen hat, umarmen wir uns ganz fest. Wir haben eben einen Sieg errungen. Wir haben es gemeinsam geschafft.

15. September

Die ersten Blumensträuße kommen an. Du sagst über deinen Verleger: «Er ist so unbeholfen. Wie hat er es nur geschafft, mir einen Blumenstrauß zu schicken?» Auch dein Ressort schickt Blumen und einzelne Kollegen aus dem Verlag. Besuch willst du noch nicht empfangen.

Deine «Werte» haben sich rapide verschlechtert. Dir geht es immer besser. Du willst schon freiwillig aufstehen. Ich muss mit jemandem darüber reden. Ich warte, bis du schläfst, dann stürze ich runter auf die Straße. Wahllos spreche ich eine Frau an, die dort steht. Sie denkt sicher, ich bin eine Verrückte. Erst als sie mich dann in dein teures Auto steigen sieht, lächelt sie. So also ist das. Tränen der Wut steigen mir in die Augen, laufen mir salzig in die Mundwinkel. Ich stelle die Scheibenwischer an. Die Frau hat recht, ich bin verrückt.

16. September

Ich frage dich, was du empfunden hast, als der Röntgenarzt dir sagte, dass du Krebs hast, als du den Tumor auf dem Bildschirm sahst.
«Nichts, ich musste dringend zur Toilette, um das Kontrastmittel loszuwerden.»
Ich frage dich, was du empfunden hast, als wir zum Krankenhaus fuhren.
«Nichts. Ich war nur froh, dass ich es vom Bett zum Auto geschafft hatte.»
Dann fügst du hinzu: «Außerdem wurden die Schmerzen im Krankenhaus viel weniger. Und jetzt, jetzt spüre ich gar nichts mehr.»
Begnadete Selbsttäuschung – oder sind es die unendlich vielen Medikamente, die in dich hineingepumpt werden? Inzwischen wächst das Übel in dir weiter, frisst gierig an dir, bahnt sich einen Weg durch deinen Körper und wird – so hat es mir dein Doktor erklärt – schließlich den Kopf erreichen – Zwischenstation Lunge. Davor habe ich am meisten Angst, denn die Lunge, das ist Atmen, das ist Leben.

*Wie kann ich je wieder an Gerechtigkeit glauben, an Gleich-
maß? Das da, das schlägt willkürlich zu, da ist keine Logik
drin, deine Leber ist kaputt, und du hast mäßig, wenn überhaupt, Alkohol getrunken. Mir stelltest du immer eine Flasche Rotwein an den Kamin, für unsere abendlichen Stunden. Und meist habe ich sie allein getrunken.*

*Heute Morgen bin ich an deiner Schulter aufgewacht. Du
hattest die Augen weit geöffnet. Lächeltest. «Schau, unsere
Wolken!»*

*Nachmittags machen wir einen kleinen Spaziergang auf
dem Flur. Ich hake dich unter und halte den Ständer mit
dem Tropf. Am Ende des Flurs ist ein hoher Spiegel. Wir gehen direkt darauf zu. Ich will ihm ausweichen, will dich vor
deinem Anblick schützen. Denn du siehst nicht mehr aus wie
noch vor Tagen.*

*Du gehst zielsicher darauf los. Dann betrachtest du mit ei-
nigem Erstaunen die dünnen Waden in den weißen Throm-
bosestrümpfen. Sie sind inzwischen nutzlos geworden, denn
sie liegen in Falten um deine Beine. Aber sie wärmen. Dann
gleitet dein Blick zu deinem Gesicht.*

«So», sagst du. «So! Nun gut, so ist das nun mal.»

*Du machst eine abrupte Linkskurve, ich kann dir kaum mit
der Stange auf Rädern folgen. Du hast meinen Arm weg-
gestoßen und läufst links, links, links, direkt mit Schwung
in die offene Tür des Schwesternzimmers. Bremsen kannst
du nicht und landest am Busen der Oberschwester. Sie fängt
dich auf und lacht.*

*«Hallo, wen haben wir denn hier. Adonis auf Liebespfaden.»
Dann stützt sie dich und meint, dein Alabasterkörper wäre
noch eine Zeit lang besser im Bett aufgehoben als im Schwesternzimmer mit all den lieblichen Jungfern.*

157

Wir legen dich vorsichtig in die Kissen. Du fällst wortlos in einen Tiefschlaf.

Als du aufwachst, ich sitze neben dir, schaust du mich unendlich traurig an. «Wie kannst du mich je wieder als Mann anblicken. So wie ich jetzt aussehe!»

«Weißt du eigentlich, dass ich dich immer noch hinreißend erotisch finde?»

Wir haben uns einen dummen Spaß ausgedacht. Erst ab einundzwanzig Uhr darf ich dir sagen, dass ich dich liebe. Die Zeit, wenn du dein Schlafmittel nimmst. Ich darf es nur bis morgens um sieben Uhr sagen. Heute sage ich es früher. Mit den Lippen streiche ich zart über deine Handfläche und versuche, nicht dem Wahnsinn nachzugeben.

17. September

Abends, wenn ich die Augen schließe, kommt Panik in mir hoch. Sie würgt irgendwo in mir etwas ab, was ich aber am Leben halten muss, um weiterzumachen. Dann reiße ich schnell die Augen auf und starre an die Decke, bis es weg ist. Als Belohnung erlaube ich mir dann einen langen Blick auf dein schlafendes Profil. Dann schließe ich wieder die Augen, und es geht von vorne los. Manchmal bis sehr weit nach Mitternacht und dann schon wieder beim ersten Gesang der Vögel.

Schwester Edith sagt, ich soll ein Schlafmittel nehmen, ich müsse meine Kräfte schonen für später. Aber ich kann mir in der Nacht keine Besinnungslosigkeit erlauben, denn es gibt viele kleine Dinge, die ich tue. Ein Tröpfchen Wasser, ein Kissen schütteln, kühlen, die Hand streicheln, böse Träume wegscheuchen. Sie kommen jede Nacht, und dann weinst du leise. Ich streichle dir lange über die Stirn, bis dein Atem wieder regelmäßig geht. Du weißt am Morgen nichts davon. Heute kam mir der Gedanke: Wer macht das bei all den anderen Patienten? Du bist nicht der schwerste Fall auf dieser Station, nur der privilegierteste, wie du sagst. Und du schämst dich ein wenig dafür, aber tauschen möchtest du auf keinen Fall.

18. September

Morgens um sechs Uhr war der Himmel rot und wurde dann ganz langsam blau. So blau, dass wir Lust bekamen, runter in den Rosengarten zu gehen. Ich frage nach einem Rollstuhl. Den bekommen wir auch. Vorsichtig setzt du dich hinein. Ich wickele eine Decke um dich, und auf geht es.

Im Garten blühen Herbstrosen. Ein Teich ist dort, Enten und ein Schwan. Die Sonne wärmt noch stark, es duftet. Ich schiebe dich neben einen großen vermoosten Stein, ziehe die Bremse an den Rädern fest, setze mich auf den Stein und lege meinen Kopf auf deine Knie. Du streichelst mich sanft, als sei ich die Kranke. Und dann sagst du: «Ich möchte so gern ein Kind von dir.»

Mir laufen die Tränen die Wangen herunter, in die Krankenhausdecke. Du streichelst nur weiter, stumm. Weißt du es denn immer noch nicht? Auch jetzt noch nicht? Muss ich uns das antun und es dir sagen? Ich kann es nicht, erlöse mich doch aus diesem Zwiespalt, weißt du es, willst du es wissen?

19. September

Ich habe es ihm gesagt!

20. September

Du hast es nicht gewusst, auch nicht geahnt. Du hast geweint, und dann hast du nach Einzelheiten gefragt. Ich musste zu dem jungen Arzt auf der Station gehen und deine Fragen stellen. Die Leber ist mit glasmurmelgroßen Metastasen bedeckt. Innen und außen. Der Tumor ist verästelt und verwachsen. Wenn man ihn entfernt hätte, dann hättest du keine Blase, gar keinen Darm, nichts mehr. Die Metastasen haben sich auf alle nächstliegenden Organe verstreut, und von da werden sie weiterarbeiten. Es gibt verschiedene Behandlungsmethoden, die Ärzte schlagen keine für dich vor. Die Krankheit war viel zu weit fortgeschritten, als du ins Krankenhaus kamst. Wärst du im Mai letzten Jahres, als du ab und zu über Verdauungsschwierigkeiten klagtest, zum Arzt gegangen, hätte man vielleicht noch was machen können. Aber auch nur vielleicht.

Das Erste, was du sagtest, als ich aufhörte, dich zu belügen: «Und ich wollte dir die Freiheit geben. Ich wollte, dass du glücklich wirst in deinem Leben.» Erst dann fingst du an zu weinen. Und unter Schluchzen sagtest du immer wieder: «Ich wollte dich glücklich machen, ich wollte dich glücklich machen.»

Warum, warum denkst du nicht an dich? Warum, verdammt noch mal, nicht an dich?

Du weinst über den verlorenen Plan, nach Frankreich zu gehen, um gemeinsam Bücher zu schreiben. Nichts kann mehr erfüllt werden. Unsere Reise nach Sibirien wird nicht mehr stattfinden. Und endlich weinst du über dich. Du hattest geglaubt, es geschafft zu haben, viele, viele Jahre mit mir leben zu können.

«Ich möchte noch hierbleiben, verstehst du, ich möchte leben!» Und nachts mit einem Schrei: «Der Preis ist zu hoch, er ist einfach zu hoch. Ich fing doch gerade erst an zu leben, mit dir.»

Ich wiege dich wie ein kleines Kind, zum Schluss summe ich ganz leise das Lied, das ich den Kindern immer vorgesungen habe, wenn sie unruhig oder krank waren. Es besteht nur aus zwei Noten, die ich immer wieder variiere.

Endlich schläfst du ein.

24. September

Dein Verleger kommt zu Besuch. Er bringt Champagner mit. Mehrere Kisten. Für mich. Du trinkst auch einen Schluck, die Schwester sagt: «Na klar, warum nicht.» Dann wirst du sehr müde. Du drängst mich, mit deinem Verleger noch irgendwo ein Glas trinken zu gehen. Ich könne doch nicht die ganze Zeit hier im Krankenhaus bleiben. Wir fahren zu ihm nach Hause, ich will keine Menschen sehen. Er fragt mich ganz klar, wie ich abgesichert bin, hinterher. Verspricht, mir zu helfen.

«Mach dir darüber keine Sorgen. Fahrt irgendwohin, versucht, das Beste draus zu machen. Kommt da raus aus dem Krankenhaus, da wird man ja noch kränker. Alles andere regeln wir später, mach dir nur keine Sorgen.»

Im Auto heule ich vor Dankbarkeit, konkrete Hilfe hat mir bislang noch keiner angeboten.

Als ich ins Zimmer zurückkomme, telefonierst du. Kaum aufgelegt, rufst du den Nächsten an. Dann den Nächsten. Dein Redezwang stimmt mich fast schon wieder fröhlich. Nur was du sagst, das tut weh, weil es nicht stimmt. «Ach *was, ist gar nicht schlimm, meine Güte, den einen trifft es früher, den anderen später. Ach was, das muss man mit Humor ertragen.» Legst du den Hörer auf, werden deine Augen ganz leer und der Mund bitter.*

Spät noch führst du Telefonate, um alles zu regeln. Deine Stimme ist kräftig, deine Anordnungen vernünftig. Du wirkst vollkommen gesund. Es fehlt nur noch die Zigarette in der Hand und die Tasse Tee.

27. September

Du bist voller Pläne. Wir könnten in den Schwarzwald fahren. Nach Hinterzarten. Dort hast du dich schon einmal erholt, nach der Nierenoperation. Ich staune über deinen Elan, höre zu. Wir werden gemeinsam schreiben. Jeden Tag ein bisschen. Wir werden über das Jetzt schreiben, über das, was hier mit uns geschieht.

Du richtest dich interessiert im Bett auf: «Wir werden mit dem Satz anfangen: Ein Krebskranker redet am liebsten über seinen Krebs. Vielleicht hilft das ja, dieses Mäntelchen von der Krankheit zu ziehen. Vielleicht helfen wir ein wenig klarzumachen, dass Krebs kein Tabuthema ist.»

Abends hast du hohes Fieber. Redest aber pausenlos über das Buch und was du da alles hineinpacken willst. Dann sagst du mir, ich sei so zärtlich geworden. Früher sei ich so verhalten und schüchtern gewesen. Meine Spontaneität tue dir gut.

Ich habe doch nur noch so wenig Zeit, dich zu fühlen, ist es da nicht logisch, dass mir all meine Zärtlichkeit bewusst wird und ich sie pausenlos auslebe?

Wir sind wie zwei Kranke, die sich gegenseitig stützen. Im

Moment scheinen wir zwar zwei Genesende zu sein, das Gleichgewicht stimmt, aber es wird umkippen, wenn du nicht mehr da bist. Dann bist du der Abwesende und ich die Hinterbliebene. Die Zurückgebliebene. Eine neue Variante.

Du sagst mir, sich zum Schluss an Gott zu wenden, sei eine Zumutung. So dumm sei Gott nicht. Das hättest du früher tun müssen.

Es bereitet dir allerdings sichtliches Vergnügen zu wissen, dass deine Seele irgendwo im All herumschwirren wird.

«Ich gebe dir genug Zeichen, pass nur auf.»

Andererseits würdest du aber auch gern im langen, weißen Nachthemd herumwandeln. So von Wolke zu Wolke, mit guter Aussicht. Du lachst augenzwinkernd dazu.

Geht das schon wieder los mit deinem makabren Humor?

Ich fühle mich wie ein Topf ohne Wasser auf hoher Flamme. Kurz vor dem Explodieren. Wir entscheiden uns, so bald wie möglich das Krankenhaus zu verlassen.

2. Oktober

Gestern nach einer mörderischen Fahrt in Hinterzarten angekommen. Luxuriöses Zimmer, großer Balkon, Herbstsonne, die immer noch wärmt. Es ist uns wieder bewusst, dass wir privilegiert sind. Dein Verleger hat alles für uns arrangiert. Er wird auch die Rechnung zahlen. Es ist seine Art, dir seine Zuneigung zu zeigen. Beim Abschied in Hamburg hat er geweint und zu mir gesagt, so möchte er auch sterben. Mit Liebe.

Ich werde an der Rezeption Bescheid geben – keine Anrufe. Außen an die Tür hänge ich das Schild «Bitte nicht stören».

Ich muss alles von dir fernhalten, wie im Krankenhaus. Unser Hauptmotto ist Ruhe, Frieden und Gleichmaß.

Meine Gefühle lege ich am Tag auf Eis, und abends betäube ich sie mit badischem Wein und Zigaretten. Du hast es gern, wenn ich mich hier an den kleinen Schreibtisch setze, die Gardinen zuziehe und die Lampe an meiner Seite anknipse. Dann stelle ich eine brennende Kerze auf den Tisch vor dem Sofa und rücke den Willkommensstrauß näher an das Licht. Du liegst frisch gebadet in deinem Bett und schaust mich an. «Es ist schön», sagst du immer wieder. «Schreib doch, ich sehe das so gern.»

Heute lagst du fünf Stunden auf dem Balkon. Ich habe dir dort ein zweites Bett eingerichtet. Du schaust rüber zu den sanften Hügelketten, über eine Wiese im letzten Herbstflor. Die Sonne hat einen leichten Schleier, die Luft riecht würzig, es ist der Schwarzwald in seiner ganzen Schönheit. So hast du es dir gewünscht.

3. Oktober

Deine Leber hat letzte Nacht getobt. Sie hat dir unerträgliche Schmerzen verursacht. Das Entsetzen ist zu groß, ich habe keine Worte dafür. Es geht schneller, als ich gedacht habe. Es ist aber nicht nur Entsetzen, es ist auch diese Verzweiflung, die Ohnmacht, dir nicht wirklich helfen zu können. Was helfen schon Wickel, Massagen, Streicheln.

Erschöpft und schweißüberströmt fragst du: «Bin ich sehr wehleidig?»

Wenn meine Liebe dich nur schmerzfrei machen oder ich dir einen Teil abnehmen könnte.

4. Oktober

Letzte Nacht mit harter Droge geschlafen. Habe mit Dr. Matties telefoniert. Ich darf ihn Tag und Nacht anrufen. Er will mich unterstützen, er findet gut, was wir machen, er weiß, dass ich viele Fragen an ihn haben werde. Er hat mir bestätigt, es geht schneller.

Du fragst, ob ich jetzt die Mutter, du das Kind seist. O nein, mein Lieber, du kannst dich nicht zurückziehen, du bist ein Mann, ich eine Frau, du liebst mich, ich dich, wir wollen uns hier kein neues Rollenspiel ausdenken.

Ich schimpfe mit dir und merke, wie wichtig es dir ist, nicht in eine hilflose Rolle degradiert zu werden.

Im Halbschlaf bilde ich mir oft ein, solange ich neben dir bin, kann ich den Tod abwehren, kann ihn einfach wegscheuchen.

5. Oktober

Dein rechtes Auge hat sich verändert. Es ist übergroß geworden, das linke ganz klein. Das rechte Auge hat eine gelbliche Farbe angenommen, das linke hat sein Seegrün behalten. Wird das so bleiben? Dein ganzes Gesicht hat sich damit verändert, du hast einen schlauen, listigen Ausdruck bekommen, der auch dich überrascht.

Voller Interesse betrachtest du dich im Spiegel.

«Weißt du, wie ich jetzt aussehe?», sagst du. «Wie ein französischer, nein, wie ein russischer Spion auf der Spur eines Geheimnisses. Oder warte, ich sehe verworfen aus. Ja, verworfen. Das wollte ich immer schon sein. So richtig verworfen und wüst. Dazu hatte ich nur nie die Gelegenheit.»

Deine Hand zittert, ich lege meine Hand darüber.

«Du siehst aus wie ein Verführer, ein Charmeur, der den Damen permanent zuzwinkert. Zum Verlieben, ein Ladykiller!»

Du schaust mich unsicher an.

«Ja?»

Wie gern würdest du es mir glauben, aber die Veränderung macht dir genauso viel Angst wie mir. So schnell, über Nacht.

Wenn ich von hier aus, vom Schreibtisch dein geliebtes Gesicht betrachte, friedlich unter der Droge, dann möchte ich die tödliche Spritze im Besitz haben. Dies wäre vielleicht der Augenblick, in dem ich sie dir ganz leise geben würde. Aber ich will nicht, dass es endet. Ich pokere um Zeit.

7. Oktober

Gestern war dein Freund da. Er reiste extra mit Familie an. Ich saß mit der Frau und den beiden Töchtern unten im Kaminzimmer. Sie tranken Kaffee und aßen Schwarzwälder Kirschtorte. Dein Freund blieb drei Stunden bei dir. Ich hatte dich auf das Sofa gesetzt, liegen wolltest du nicht. Und ich musste dir einen Anzug mit Schlips und allem anziehen. Nur die Schuhe nicht. Sie sind inzwischen auch viel zu groß geworden.

Worüber habt ihr geredet?, frage ich hinterher. Über Politik, ausschließlich über Politik.

Dein Freund hat Tränen in den Augen, als er seine Familie bei mir abholt. Vor Erschütterung sagt er kein Wort, nicht ein einziges. Er wendet sich nur ab, besteigt sein Auto und wartet, bis die Familie eingestiegen ist.

Dr. Matties hat mir gesagt, jeder Krankheitsverlauf ent-
wickele sich anders, aber in großen Zügen seien alle gleich.
Er hat mir auch gesagt, dass ich schon sehr bald die Dosis
erhöhen müsse. Die Zeit scheint mir gekommen.
Nachts ziehst du die Beine an, wie damals auf der Intensiv-
station. Ich bin hellwach, horche, fühle deine Haut, deine
Hände. Sind sie kalt, geht es dir sehr schlecht. Dann gebe
ich dir eine extra Tablette. Langsam werden deine Hände
wieder warm, und erst dann lässt du die Beine sinken und
schläfst tiefer.

8. Oktober

Muss es denn so sein, dass ich um die Tabletten bitten und
betteln muss? Das Rezept war immer noch nicht da, als ich
heute zur Apotheke rannte. Ich heulte und tobte, der Apo-
theker blieb unerbittlich. Denkt er vielleicht, ich sei süchtig
und nähme sie selber? Oder meint er, ein Mann mit so einer
Krankheit gehört ins Krankenhaus, in professionelle Hände?
Hält er mich für eine hysterische Frau, die da ein bisschen
rumspinnt? Oder muss er so handeln? Ich renne zur Telefon-
zelle, erreiche Dr. Matties gleich, heule ihm meinen ganzen
Kummer ins Telefon. Meine Verzweiflung könnte die ganze
Telefonzelle sprengen, ich weiß nicht mehr weiter. Er lässt
sich die Nummer der Apotheke geben, ich suche sie zitternd
aus dem schmalen Telefonbuch heraus. Dann sagt er mir
mit ziemlicher Strenge, ich solle mich jetzt zusammenreißen.
Wenn ich jetzt schon zusammenbräche, dann könnten wir
auch gleich wieder nach Hamburg kommen. Ich solle tief
durchatmen, ganz ruhig und tief. Er werde mit dem Apothe-
ker reden, und wir würden eine regelrechte Versorgungskette

aufbauen. Endlich! Der Apotheker schaut mich zwar immer noch grimmig an, aber er unterrichtet mich davon, dass er ab jetzt eine Packung vorrätig haben wird. Sie kommen extra aus einem Giftdepot, liegen also auch bei ihm nicht stapelweise im Lager. Ich danke ihm, umklammere glücklich die rettende Schachtel und renne, so schnell ich kann, ins Hotel zurück.

9. Oktober

Heute vor vier Wochen war die Operation.
Ein Telegramm sagt mir, meine Schwester hat letzte Nacht eine Tochter geboren. Ihr erstes Kind. Ich versuche, nicht verrückt zu werden. Hier Tod, da Leben! Vor vier Wochen noch Hoffnung auf alles, und jetzt?
Dr. Matties hat dir doch ein anderes Medikament verschrieben. Dolantin. Eine Droge. Du nimmst sie und sagst nach einer Weile ganz glücklich:
«Jetzt fühle ich mich frei, jetzt geht es mir gut.»

10. Oktober

Dolantin ist eine Wunderdroge. Du setzt dich im Bett auf, sagst mir, wie wahnsinnig gut es dir geht, und redest. Ich mache mir mein Kissenlager auf dem Fußboden und höre zu. Du sprichst von deiner Kindheit, erinnerst dich an die kleinsten Kleinigkeiten, an ein Tapetenmuster, an den Stoff deiner Jacke, den Umschlag eines Buches. Alles ist viele Jahre her, und es steht klar vor dir. Du redest und redest, langsam bekomme ich Angst, eine Stunde ist vergangen, zwei. Schließlich sinkst du müde in die Kissen.

«Morgen mehr, ja?»

Im Schlaf redest du weiter, aber ich kann dich nicht verstehen.

12. Oktober

Ich habe dir heute das erste Mal die verstärkte Dosis gegeben, die Dr. Matties mir vorgeschrieben hat. Die Schmerzen sind zu groß geworden.

Wo ist Schutz, wo ist Stärke, wo ist die verdammte Mauer, an die wir uns anlehnen können? Während du dich in einem Tiefschlaf befindest, fühle ich zum ersten Mal die Einsamkeit. Du warst fremd, als du nach der Droge schriest: «Gib sie mir, schnell, mach schon!»

Du bist jetzt auch nicht hier, du bist weit weg. Dies ist kein Schlaf wie sonst. Es hat dich umgehauen, wie ein gefällter Baum bist du umgesunken. Wie wirst du sein, wenn du aufwachst?

16. Oktober

Essen ist im Moment dein größtes Problem. Du isst nur noch Eis. Nach zwei Löffeln Himbeersorbet sagst du, ich solle dich nicht zwingen.

Deine Haut ist trocken, ist die Haut einer Fledermaus geworden. Wie komme ich darauf, ich habe noch nie eine Fledermaus gesehen? Aber so stelle ich sie mir vor, trocken, schuppig und sehr dünn.

Du hast Angst.

Ich nehme dich ganz leicht in den Arm, nur zarte Berührungen kannst du noch ertragen. Wenn dir jetzt jemand kräftig auf die Schulter schlagen würde, so wie früher, dann würdest du in tausend Splitter zerspringen. Ich wiege dich hin und her, ganz sanft. Du fängst an zu weinen.

«Ich will leben. Ich möchte so unglaublich gern leben.»

Dass der Lebenswille mit den schwächer werdenden Kräften erlischt, ist ein boshaftes Märchen. Er will, und ich will, und wir schauen uns an und wissen, es geht nicht. Im Geist höre ich immer einen Sargdeckel mit dumpfem Schlag zufallen. Dann spüre ich, wie eine Schale in mir bricht, wie das Abstrakte anfängt, dann kommen Bilder in mir hoch, die ich gar nicht ertragen kann. Ich sehe Würmer an dir nagen!

Das halte ich nicht aus.

Immer wieder träume ich deine Beerdigung. In dem Moment, wenn der Sarg in die Kuhle hinabgelassen wird, schließe ich die Augen und lasse mich einfach fallen. Nicht ohnmächtig, nur einfach so ein «Sich-zu-Boden-fallen-Lassen». Es ist schön. Ich höre alles, sehe alles, aber ich fühle nichts. Das ist sehr, sehr schön. Und sehr tröstlich.

Heute, unter der Wirkung der Droge, sprachst du davon, wie schlimm es für dich war, im Sport in der Schule zu versagen. Du warst ein «Brain», das Gehirn in der Klasse. Aber ein Schlappschwanz. Wie gern wärst du etwas dümmer, dafür aber muskelbepackt gewesen. Das zeigt deine Sehnsucht, in eine Gruppe aufgenommen zu werden, die du aber dann andererseits wegen ihrer Grobheit und Ignoranz nicht ertragen kannst. Schon damals spürtest du, dass du ein Außenseiter, ein Einzelkämpfer bist. Das Außergewöhnliche war für dich normal, das Normale unfassbar.

Deine Hände sind kalt, deine Füße, alles Massieren hilft nicht. Was macht sich da breit in dir, ist es das schon? Deine Lippen sind spröde, trocken, keine Creme hilft mehr, sie schälen sich ständig. Wie oft häutet sich eine Schlange? Wie wussten diese Lippen zu genießen. Jetzt schiebe ich ein Löffelchen Himbeersorbet über sie hinweg, in der Hoffnung, dass sie nicht einreißen.

Du bist sechsundvierzig Jahre alt. Ich kotze auf Gerechtigkeit und die Macht des Schicksals. Ich will, dass du hierbleibst!

20. Oktober

Die Wirkung von Dolantin setzt erst nach einer Dreiviertelstunde ein. Bis dahin quälen dich unerträgliche Schmerzen. Wir versuchen, die Wartezeit mit irgendetwas zu füllen. Es ist schwierig, ein Thema zu finden, das dich zum Zuhören verführt. Meist horchst du in dich hinein. Ich fühle deine Hände und Füße; wenn sie warm werden, ist es so weit, dann lassen die Schmerzen nach, und du kannst mit deiner Geschichte fortfahren. Du wirst immer schwächer.

Ich darf den Zeitpunkt des Rücktransportes nicht verpassen. Du hast mir ganz klar gesagt, du möchtest in deinem Bett in Hamburg sterben. Ich habe es dir versprochen. Den Zeitpunkt, wann wir zurückfahren, soll ich bestimmen. Ich weiß, der Zeitpunkt ist da. Aber ich sträube mich, diesen letzten Weg anzutreten. Ich muss.

21. Oktober

Sonntag. Ein sehr schlechter Tag für dich. Die Schmerzen nehmen überhand. Es ist eine Qual. Ich gebe Dolantin in immer kürzeren Zeitabständen. Dein Magen verträgt die Tabletten nicht mehr, wir sind zu Zäpfchen übergegangen. Du sagst, wenn eine Maschine nichts mehr nützt, soll man

sie abstellen. Du fragst mich, ob ich das für dich tun werde.
In meiner Not sage ich Ja.

«Wenn mein Kopf nicht mehr funktioniert, versprichst du
mir dann abzustellen?»

Du schaust mich so flehentlich an, ich sage wieder: «Ja.
Wenn dein Kopf nicht mehr funktioniert.»

«Bitte tu nichts, was verlängert, ja? Eher das Gegenteil.»

Wieder sage ich Ja und stehe auf einmal in einer Wolke aus
Watte. Was soll ich machen? Du siehst meine Angst, meine
Zweifel. Lange schauen wir uns an. Du mit deinen zwei ver-
schiedenen Augen. Ich habe es gar nicht bemerkt, du bist
kaum noch da. Liegst ganz klein, entsetzlich mager mit
dünner, brüchiger Haut im Bett. Alles ist zu schwer, auch die
Bettdecke. Du bist nur mit einem Laken bedeckt. Die Hände
bleiben stundenlang da liegen, wo ich sie hingelegt habe.

Wie habe ich zögern können? Das ist der pure Egoismus,
mein Egoismus, meine Angst, ihn zu verlieren – das hat mit
ihm nichts mehr zu tun.

«Natürlich tue ich es», sage ich mit fester Stimme. «Wenn
dein Kopf nicht mehr funktioniert.»

Du sagst: «Danke», und dann: «Schnell, gib mir das Zeug,
mach schnell.»

So wird es also sein. Gut so. Ich muss jetzt ganz vorsichtig
planen.

Du isst nicht mehr. Wir sind in letzter Zeit zu einer Art As-
tronautenfutter übergegangen. Ein Pulver, das ich mit abge-
kochtem Wasser anrühre. Es sieht aus wie ein Vanillemilk-
shake. Appetitlich und nahrhaft. Du ekelst dich inzwischen
so davor, dass du schon würgst, wenn ich mich mit dem Glas
nur nähere. Aber ich kann dich doch nicht sehenden Auges
verhungern lassen!

22. Oktober

Die großen philosophischen Gedanken über den Tod, die habe ich nicht, sie wollen nicht kommen. In meinem Gehirn rauscht es nur, und ich packe zu, mit den Händen. In meiner Not rufe ich meinen Ehemann an. Er fragt: «Wie lange soll denn das noch weitergehen?»

Wir müssen uns auf die Reise machen.

24. Oktober

Heute ist unser letzter Tag hier im Hotel. Morgen, so um die Mittagszeit, fahren wir los.
Ich habe Angst vor dem, was uns in Hamburg erwartet.
Du bestehst nur noch aus Haut und Knochen und einigen wenigen schmerzenden Muskeln. Dein Mund fällt rechts und links in die Wangenhöhle. Er wird dadurch breiter. Bis zur Taille ist dein Leib straff gespannt, erhebt sich wie ein Berg über dem Rest des Körpers. Ich darf dich dort nicht berühren, es würde dir unerträgliche Schmerzen bereiten. Deine Ohren sind ganz groß geworden und durchsichtig.
Die Schritte, die du noch gehen kannst, haben sich auf zehn reduziert. Wir haben sie gezählt. Wie bekomme ich dich bis zum Auto?
«Ich mache das», hat heute der portugiesische Zimmerjunge gesagt. «Wir werden ihn zusammen tragen.»
Empört verweigert er ein Trinkgeld, er wird richtig böse. Und trotzdem weiß ich nicht, wie wir es morgen schaffen sollen.

26. Oktober

Gestern, nach einer wahren Horrorfahrt, nach Hause ge-
kommen. Wenn ich gedacht hatte, die Hinfahrt war mörde-
risch, na, das war ja noch Luxus!

Das Haus und die Umwelt wirken erschlagend. Alle wollen,
dass ich dir in die Geldbörse fasse. Du müsstest dein Testa-
ment zu meinen Gunsten ändern. Ich soll dich ein letztes
Mal aufrütteln, damit du das tust. Mir fehlen einfach die
Worte.

Bitte, mein Schatz, mein Geliebter, geh noch nicht, ich weiß
nicht, wofür ich dann leben soll!

2. November

Die sechste Nacht wach. Wie kann mein Körper das nur aus-
halten? Ich bin für einige Minuten zu diesem Buch geflohen,
meinem Begleiter in vielen Stunden.

Du kannst nur schlafen, wenn du auf mir liegst. Alles ande-
re erscheint dir unerträglich. Wir haben es mit Decken, mit
Fell, mit allem versucht. Es geht nicht. Du liegst auf mir, und
sofort löst sich die Verkrampfung, und du entspannst dich.
Seit sechs Tagen und Nächten kämpfen wir hier in dem ab-
gedunkelten Zimmer um schmerzfreie Sekunden. Alle zwei
Stunden gebe ich dir eine Spritze.

Seit einer Woche und zwei Tagen hast du nichts gegessen. Ich
weiß, was das heißt. Aber du trinkst ab und zu noch einen
Tropfen Wasser.

Wenn das aufhört, weiß ich auch, was das bedeutet. Wir lie-
gen seit Tagen wie ein Knäuel in der Kuhle des großen Bettes,

wir bewegen uns nur millimeterweise, wenn überhaupt. Der Rollladen ist heruntergelassen, es brennt eine Kerze vor dem großen gelben Strauß.

3. November

Dein rechter Arm ist gelähmt, ausgerechnet der rechte.

4. November

Neun Minuten vor Mitternacht bist du gestorben.

8. November

Ich will Schönheit um mich haben und Ordnung. Alle scheinen sich gegen mich verschworen zu haben und kommen nur, um Unordnung zu machen. Ständig muss ich hinter ihnen herräumen, es ist lästig, und ich empfinde es als ganz persönliche Beleidigung. Warum begreifen sie nicht, dass ich diese Ordnung jetzt brauche? Verdammt noch mal, dann habe ich eben einen Putzfimmel, ist doch okay. Ich brauche jetzt Klarheit, und das fängt nun mal in den Schränken an. Wie kann ich mein Leben neu in den Griff bekommen, wenn ich ständig über Berge von auf der Erde liegenden Handtüchern oder über schmutziges Geschirr stolpere? Ist das denn so schwer zu verstehen?

Es war am Anfang einer Reihe von Tagen, wo ich wie eine Besessene putzte, räumte, neu arrangierte. Kamen Besucher, hatte ich keine Zeit, mit ihnen zu reden. Ich beschäftigte mich damit, Kissen glatt zu streichen, Gardinen zu zupfen,

Kacheln zu wischen, überall Staub zu finden, ihn verbissen zu entfernen. Schmissen die Gäste ihre Mäntel nachlässig in der Garderobe über einen Stuhl, wie sie es eigentlich gewohnt waren, hängte ich, während sie ins Wohnzimmer gingen, um mein Sofa zu zerwühlen, die Mäntel auf. Nach Farbe und Größe.

Abends lag ich schnurgerade unter meiner glatt gestrichenen Bettdecke, auf dem Rücken, die Arme rechts und links steif von mir gestreckt. Dann spürte ich ganz genau, dass da eine Falte in der Gardine war. Ich knipste das Licht an, aha, hatte ich doch richtig gefühlt, da war die Falte. Ich kniete hin und strich so lange an dem Seidenstoff herum, bis alles eine glatte Linie ergab. Erst dann hatte ich Ruhe. Aber meistens ging ich noch einmal nach oben, zu den Kinderschlafzimmern. Vielleicht hatte sich ja dort in der letzten Stunde etwas Unerwartetes ergeben. Ein Kind war aus dem Bett gefallen, oder ein Wasserhahn tropfte. Fand ich auf meinem Weg ein feuchtes Handtuch, vielleicht auch noch auf der Erde, war das für mich ein Grund, sofort die Waschmaschine in Gang zu setzen, egal wie spät es war und wie sinnlos. Und während ich zur Waschmaschine eilte, nach unten, wischte meine Hand imaginären Staub vom Treppengeländer. Es war mein ganz persönlicher Wahn. Ich musste ihn aber ausleben, er war stellvertretend für meine Angst, in meinem neuen Alleinsein zu versagen. Mich auf Nimmerwiedersehen in der Einsamkeit zu verlieren, unfähig, die Fäden neu aufzunehmen und neu zu weben. Meine Hilflosigkeit stand wie ein riesengroßer Berg ungewaschenen Geschirrs vor mir. Und so nahm ich den realen in Angriff. Geweint habe ich wochenlang nicht nach deinem Tod. Und als ich das erste Mal wieder weinte, war es vor Freude.

Später weinte ich aus Wut, warum hattest du dich einfach so abgeseilt, aus dem Staub gemacht, mich mit diesem unüberbrückbaren Berg an Schwierigkeiten hier sitzen lassen? Ich schaute dann immer nach oben, ballte die Fäuste und vergoss Zornestränen.

Dich sanft weinend gehen zu lassen, ich glaube, das kann ich erst jetzt. Nach sieben Jahren. Erst jetzt kann ich dir danken – für alles. Auch für deinen Tod.

NEUANFANG

Ich saß mit den Kindern nach Alfreds Tod vor dem Nichts. Hinzu kam, dass die Hausbesitzer mir den Mietvertrag gekündigt hatten, wegen Vernachlässigung ihres Eigentums. Der Vater einer Schulfreundin meiner ältesten Tochter Rebecca vertrat mich kostenlos vor Gericht – und gewann den Prozess haushoch. Es stellte sich heraus, dass die Vermieter es «eklig» fanden, dass ein Mensch in ihrem Besitz gestorben war und nicht, wie es sich gehört, im Krankenhaus. Aber wir wollten auch ausziehen. Das Haus war viel zu teuer.

Ich suchte lange und erfuhr zum ersten Mal in meinem Leben, wie «eine alleinstehende Frau mit zusammengewürfelten Kindern» in unserer Gesellschaft dasteht. «Wahrscheinlich haben Sie noch Haustiere und ein Klavier!» Das war noch das Harmloseste, was ich zu hören bekam. Drogenkonsum und Alkohol wurden mir unterstellt. Und wo ist denn der Vater dazu – oder die Väter? So was kommt von so was. Wahrscheinlich im Knast. Nee, nee, so was wollen wir hier nicht haben. Wir sind ein anständiges Haus!

Ich war verzweifelt. Als ich eines Tages heulend mit Grippe im Bett lag und unkonzentriert im Gratis-Wochenblatt blätterte, stolperte ich über eine Anzeige. Eine riesige Wohnung, nur wenige Häuser weiter in unserer Straße, wurde angeboten. Die Auflage war, den großen Garten mit dem alten Baumbestand zu pflegen.

Weinend rief ich an, und schluchzend purzelten meine ganze Geschichte und meine große Not aus mir heraus. Eine tiefe, sehr ruhige Frauenstimme antwortete: «Sie haben Ihre Wohnung gefunden. Kommen Sie rüber und besichtigen Sie die Räume!» Unsere Vermieterin war eine ehemalige Zahnärztin, ihr Mann war gerade erst gestorben, und sie war vollkommen überfordert mit der leeren Wohnung und dem riesigen Garten. Sie wohnte in der oberen Wohnung und lebte sehr zurückgezogen. Wir sahen sie kaum und hörten sie nie. Auch Beschwerden wegen Kinderlärm kamen nie. Sogar als mein jüngster Sohn am Tag unseres Einzugs eine Mülltüte mit Krabbenschalen vor der Haustür fallen ließ und nicht sofort wegräumte, sagte sie nichts.

Den Umzug gestalteten wir in Eigenregie, es war ja nur ein paar Häuser weiter. Die Kinder schoben ihre vollgepackten Fahrräder hin und her. Nur eine einzige Fuhre mussten wir mit einem großen Umzugswagen transportieren. Und den fuhr ich. Mein junger Zahnarzt, der gerade mit seinem Kind im Kinderwagen die Straße entlangspazierte, sah zu mir hoch und sagte ganz erschrocken: «Frau Fuchs, so sagen Sie doch was. Ich hätte geholfen!» In diesem Moment hatte ich das Gefühl, akzeptiert und angekommen zu sein – dies hier könnte ein gutes Zuhause werden. Und das wurde es.

Zuerst aber passierten zwei Dinge, die unser Leben gravierend veränderten. Alfreds Verleger, der uns während dessen Krankheit sehr zur Seite gestanden hatte, schenkte mir eine Geldsumme, die es mir erlaubte, wenn ich gut damit umging, viele Jahre davon zu leben. So einen Glücksfall hat man, glaube ich, nur einmal im Leben. Im Gegenzug musste ich ihm versprechen, dass ich, wenn es mit ihm zu Ende gehen sollte, an seiner Seite sein würde. Das passierte zwar nicht, denn er hatte, als es so weit war, eine Frau und eine eigene Familie. Aber meine Dankbarkeit blieb.

Die zweite einschneidende Entscheidung war, dass ich eine Wohngemeinschaft gründete. Die Wohnung war einfach zu groß für uns. Eine junge Mutter mit Baby zog zu uns. Der Vater des Kindes war Arzt und konnte schwangere Frauen nicht ertragen, weshalb er sich von seiner Lebensgefährtin trennte. Später, als er seinen Sohn gesehen hatte, entführte er ihn. Eine tragische Geschichte. Wir bekamen alles hautnah mit, auch den unermesslichen Kummer der Mutter.

Unser zweiter Mitbewohner hatte fast zur gleichen Zeit, als Alfred starb, seine Frau verloren, die eine Freundin von mir war. Als ich von ihrem Tod erfuhr, sagte ich: «Komm doch mal bei uns vorbei.» Er kam und blieb und zwar für immer in unserem Leben. Obwohl er später auswanderte, sind wir noch heute «seine» Familie. Wir zogen uns gegenseitig aus unserer Trauer, und unser Leben bekam wieder einen guten, gesunden Rhythmus. Während die beiden Mitbewohner tagsüber ihrer Wege gingen, blieb ich im Haus, versorgte alle und kümmerte mich um sämtliche Alltagsangelegenheiten. Erst abends sahen wir uns zum gemeinsamen Essen wieder. Am Wochenende unternahmen wir Ausflüge in die Umgebung, wanderten, veranstalteten Picknicks, sammelten im nahe gelegenen Wald Pilze, fanden Geheimplätze zum Schwimmen.

Wenn es nach mir gegangen wäre, hätte es immer so bleiben können. Für mich war es Glück pur. Ich hatte wieder Tritt gefasst. Aber das Leben kann ein Teufel sein. Es fing damit an, dass mein Bruder, dessen Sohn seit Jahren schon «mein» Sohn und ein Bruder für die anderen Kinder geworden war, abermals geheiratet hatte. Er wollte, dass sein Sohn, den er kaum kannte, zu ihm und seiner neuen Frau ziehen sollte. Die Tochter, die auch bei Pflegeeltern aufwuchs, hielt nichts davon. Der Sohn aber sagte: «Vielleicht, kann ich ja mal versuchen.»

Ich fuhr daraufhin zu meinem Bruder und redete mit Engelszungen auf ihn ein. «Lass ihn bei uns. Meine Kinder sind seine Geschwister geworden. An seine Mutter hat er keine Erinnerung mehr. Ich bin seine Mutter geworden.»

Mein Bruder sagte kategorisch: «Nein, er kommt zu uns.» Und seine neue Frau fügte hinzu: «Wir werden einen besseren Menschen aus ihm machen.»

Dieses Kind war schwer traumatisiert, aber auf dem Weg, etwas mehr zur Ruhe zu kommen. Er war ein Träumer und eckte damit oft an. Er tat sich mit dem Lernen schwer und «erkaufte» sich Freundschaften durch das Verschenken und Verschachern der Spielsachen meiner anderen Kinder. Er ließ jede mahnende Strafrede stoisch über sich ergehen und beging den gleichen Fehler sofort noch einmal. Aber er hatte einen wundervollen Humor, dem ich nicht widerstehen konnte. Oft rollten wir beide auf dem Fußboden und hielten uns den Bauch vor Lachen.

Die neue Frau meines Bruders zog wenige Tage nach seiner Rückkehr aus. Mein Bruder versuchte, allein mit seinem Sohn zurechtzukommen – und scheiterte. Schließlich strengte er einen Vaterschaftsprozess an; dieses Kind konnte unmöglich von ihm sein! Ich sollte vor Gericht aussagen, dass dieser Junge unehelich sei. Ich weigerte mich vehement, und damit brach der Kontakt zu meinem Bruder ab. Ich sah ihn nie wieder. Mir wurde nicht mitgeteilt, wo sich das Kind befand. Erst als eine Jugendamtsmitarbeiterin bei mir anrief, um zu fragen, ob das Kind gegen Masern geimpft sei, erfuhr ich, wo der Sohn meines Bruders war: in einem Heim für schwer erziehbare Kinder.

Sofort fuhr ich dorthin, nur um in Kenntnis gesetzt zu werden, dass mein Bruder den Kontakt zu mir schriftlich verboten hatte. Das Sorgerecht hatte jetzt die Stadt Köln. Jahre später kehrte er wieder in mein Leben zurück und fragte mich, ob ich kein «schlechtes Gewissen» hätte. Er zog jetzt, als Erwachsener, erneut bei mir ein. Er blieb die Nacht über weg, schlief den ganzen Tag und verlangte abends Frühstück, schon fest im Griff seines Drogenkonsums. Das Thema war mir unbekannt, und ich hatte keine Erfahrungen damit. Zu Beginn konnte ich nicht einmal die Zeichen deuten. Schließlich, als ich mehr wusste, zwang ich ihn zum Entzug. Doch er brach ihn immer wieder ab oder flog aus der Einrichtung raus, weil er dealte. Ich vergoss Kübel von Tränen. Er aber sagte: «Du kannst ruhig weinen, aber mit den Drogen höre ich nie auf.» Seine Drogen waren für ihn Medikamente. Heute liegt er apathisch auf dem Bett eines Altersheims. Seinem Vater ist er wie aus dem Gesicht geschnitten.

Unser WG-Mitbewohner, der Mann meiner verstorbenen Freundin, kriegte irgendwann so etwas wie «Kribbelfüße».

Wir lebten in einem ruhigen, unspektakulären Vorort, und er hatte Sehnsucht nach seiner Wohnung mitten in der Stadt. Er brauche wieder Stadtluft, sagte er. Ich warnte ihn: «So eine komplette Familie, ohne Pflichten übrigens, bekommst du nie wieder.» Trotzdem ging er. Und jammerte unserem Leben nach; das sei die schönste Zeit für ihn gewesen, er sei bei uns sehr glücklich gewesen. Immer wieder sagte er das uns, wenn die Kinder oder ich ihn besuchten, zuletzt auf einer Insel, wo er inzwischen lebt.

Fünf Jahre waren nun vergangen, seitdem ich mich von meinem Mann getrennt hatte. Weiterhin sprachen wir fast täglich kurz am Telefon, und die Stimmung zwischen uns war friedlich. Die Probleme von früher oder die Gründe meines Weggangs wurden nie thematisiert. So wie eine Narbe, die man nicht berührt, aus Angst, dass sie wieder aufreißt. Eines Tages erzählte er mir, dass ihm ein hoher Posten im Hamburger Congress Center angeboten worden sei. Dabei fragte er, ob es nicht an der Zeit sei, dass wir wieder zusammenkommen könnten. Er sei geläutert und betonte noch einmal, er sei mir dankbar dafür, dass ich den Mut gehabt hätte, ihn zu verlassen. Er hätte sich auf einem Höhenflug befunden und es nicht gemerkt. So etwas hatte er schon einmal zu mir gesagt, allerdings war er zu der Zeit am Boden zerstört gewesen. Gleich nach meinem Weggang.

Ich dachte Tag und Nacht über das Für und Wider nach und kam zu dem Schluss: Ich wage es. Ich hatte ihn nie gehasst, konnte nur damals mit den Umständen nicht leben. Jetzt war ich gefestigt, wusste, was ich wollte, hatte mein eigenes Geld und war nicht von ihm abhängig. Die Kinder und ich waren eine zusammengewachsene Einheit, man konnte uns nicht mehr auseinandertreiben. Roland versprach mir, mich zufriedenzulassen und keine meiner Freiheiten zu beschneiden. Ich verließ mich auf sein Wort.

In manchen Dingen habe ich immer Glück, in manchen immer Pech. Bei Behörden oder vor Gericht verliere ich schon, bevor ich den Raum überhaupt betreten habe. Dafür finde ich die schönsten Wohnungen und bekomme sie auch. Diesmal war es eine große Wohnung direkt an der Außenalster. Der Rasen endete, ohne Zaun, direkt am Wasser. Wären die Kinder kleiner gewesen und hätten sie noch nicht schwimmen können, hätte ich die Wohnung nicht genommen. So aber war es ein Traum, direkt vor den Fenstern das Wasser vor sich zu haben.

In einem ungewöhnlich kalten Winter gingen wir über das Eis der zugefrorenen Alster in die Innenstadt Hamburgs. Freunde von mir und ich renovierten die Wohnung und richteten sie ein. Roland wohnte solange im Hotel. Handwerkliche Dinge waren nicht sein Talent, und wegen seines Rückens durfte er auch nicht schwer tragen. Mir war es nur recht, so konnte ich schalten und walten, wie ich wollte. Und als wir ihn wie einen König in unserem neuen Zuhause empfingen, war er mit all unseren Entscheidungen mehr als zufrieden. Jetzt konnte eine versöhnliche Zeit beginnen, die Voraussetzungen waren ideal.

Als er in der ersten Nacht versuchte, in mein Bett zu kommen, sagte ich Nein. Das war nicht Teil unserer Abmachung. Wir mussten uns erst einmal langsam wieder einander nähern, bevor daran überhaupt zu denken war. Fünf Jahre lang hatte es keine Nähe zwischen uns gegeben, und in der Zwischenzeit war viel passiert. Das, was wir jetzt versuchten zu leben, war ein vorsichtiger Anfang einer neuen, einer anderen Beziehung – wenigstens aus meiner Perspektive. Er sah das aber anders: «Du musst, du bist meine Frau.» In dem Moment wusste ich, dass ich einen großen Fehler gemacht hatte.

In der zweiten Nacht schmiss er einen schweren gläsernen Aschenbecher an die Wand und gleich danach unseren jüngsten Sohn, der von dem Lärm aufgewacht war, quer durch sein Kinderzimmer. Er hätte sich das Genick brechen können. Mein Entsetzen war groß. Aber mein «Nein» am nächsten Morgen zeigte Wirkung. Es geschah nie wieder.

Unser Alltag formierte sich, aber in einem anderen Rhythmus. Die Kinder konnten nicht mehr ungefragt Freunde zum Übernachten mitbringen. Es musste auf den Vater Rücksicht genommen werden. Unsere Mahlzeiten mussten etwas zivilisierter werden. War uns danach zumute gewesen, hatten wir früher auch schon mal Brathähnchen zum Frühstück gegessen. Und die von mir tolerierte Unordnung in den Kinderzimmern wurde oft mit einem harschen «Räum erst mal dein Zimmer auf» kommentiert. Bislang hatte ich nur auf Ordnung in den gemeinsamen Räumen bestanden, Wohnzimmer, Esszimmer, Bäder und Küche. Die eigenen Zimmer konnten die Kinder je nach Lust oder Laune um- oder aufräumen, was sie leidenschaftlich gerne taten. Wie auch ich. Ich konnte in einer nächtlichen Aktion das Schlafzimmer in das Wohnzimmer und das Esszimmer in das Schlafzimmer räumen – bis heute eine von einigen meiner Kinder geteilte Leidenschaft.

Für Roland war das Folter pur. Jeder Stuhl, jedes Bild

musste seinen angestammten Platz behalten und durfte nicht wegbewegt werden. Einige Familienaktionen fanden regelmäßig statt. Wir hatten in der Küche einen Kummerkasten hängen. Durch einen Schlitz konnte jedes Kind schriftlich seine Beschwerde hineinstecken. Einmal in der Woche wurde, gemeinsam um den Tisch sitzend, der Kasten geöffnet, und die Beschwerden wurden bearbeitet. Unter anderem so harmlose Dinge wie «nicht immer Linsensuppe» oder schwierige Dinge wie «alle Kinder bekommen mehr Taschengeld, nur wir nicht». Danach folgte die verbale Runde. Jedes Kind kam einmal dran. Man musste über denjenigen, dem man eins reinsemmeln wollte, erst einmal etwas Nettes sagen, danach konnte man loslegen. «Also, der kann ja meinetwegen zehnmal Rad schlagen, aber muss der *immer* meine Unterhosen und Socken aus *meinem* Schrank nehmen?» Gemeinsam wurden dann die Probleme gelöst. Ich war stolz auf diese Erfindung.

Mein Mann erklärte sich bereit mitzumachen, auch er wollte sich der Familienkritik stellen. Aber er wollte auch etwas sagen. So setzte er sich ans Kopfende des Tisches, wo eigentlich immer das jüngste Kind saß, und legte los: «Also, Kinder, ich finde, ab acht Uhr abends sollte Ruhe ...» Großer Protest! Es musste ausgewürfelt werden, wer anfangen durfte. Das gefiel ihm gar nicht. «Aber ich als Familienoberhaupt muss doch bitte das Recht haben ...» Wieder Protest. «Erst mal etwas Nettes sagen.» Es endete damit, dass er den Kummerkasten wutentbrannt in die Ecke schleuderte, mit der Faust auf den Tisch schlug und schrie: «Ich lasse mich doch durch ein paar minderjährige Kinder hier nicht fertigmachen. Macht euren Kram allein.» Und er war raus aus der Runde. Was sehr schade war, denn man hätte so manch eine Situation bezüglich der Erziehung oder des Verhaltens der Kinder in einem gemeinsamen ruhigen Gespräch und mit Kompromissen lösen können. So endeten solche Momente meist in einer wüsten Brüllerei und Tränen. Und nicht nur mit Tränen bei den Kindern, sondern auch bei ihm. Wenn er spürte, dass er überzogen hatte, saß er zehn Minuten später auf der Bettkante des heulenden Kindes und bat um Entschuldigung. Das konnte er trotz seiner konservativen und völlig unpädagogischen Vorgehensweise, was ich sehr bewunderte.

Nach einiger Zeit spürte ich eine schwer zu deutende Unruhe in mir, etwas, was mich stimmungsmäßig runterzog. So etwas wie der Anflug einer Depression – zu der ich nicht neigte, aber so stellte ich sie mir vor. Ich ging, nachdem die Familie das Haus verlassen hatte, wieder ins Bett und lag da, mit offenen Augen, aber genoss es nicht. Ich ging zu noch mehr Lesungen und Vorträgen, aber es befriedigte mich nicht mehr. Ich scharrte sozusagen unruhig mit den Hufen; es musste sich etwas verändern. Mit Freundinnen sprach ich über dieses diffuse Gefühl, und sie sagten mir, ich müsse wieder arbeiten gehen, ich bräuchte eine Aufgabe, ein neues Ziel. Aber was? Nur der Haushalt, das war mir zu wenig. Alles lief mehr oder weniger reibungslos, und die Kinder hatten sich auf drei reduziert. Mein ältester Sohn Martin machte in Berlin eine Hotelausbildung. Mein Pflegesohn Hannes hatte nach einem exzellenten Abitur seine Zivildienststelle angetreten. Er wohnte jetzt in seiner ersten eigenen Wohnung. Sein Bruder Lars, Alfreds jüngerer Sohn, mit dem ich nicht gut zurechtgekommen war, so wie er auch nicht mit mir oder uns, lebte bei Hannes und ging zur Schule. Es waren also nur noch «wir» da, und zwei Katzen.

Vom Arbeitsamt erhielt ich eine Anzeige: «Suche zum schnellstmöglichen Termin ...» Ein Fachverlag hatte sie geschaltet, der eine Redakteurin brauchte. Ich hatte keine Ahnung von der Arbeit, aber schreiben erschien mir wie das Himmelreich. Bislang hatte ich bei einigen Anthologien mitgewirkt und gemerkt, dass das Schreiben eine ungeheure Anziehungskraft auf mich hatte.

So zog ich mein schönstes Outfit an und ging mit zittrigen Knien zum Vorstellungsgespräch. Mein zukünftiger Chef rannte aufgeregt um den Schreibtisch herum, ein Glas Wein in der Hand. Ich hatte ein Glas für mich abgelehnt. Meine Geschichten, die ich mitgenommen hatte, würdigte er keines Blickes. Mit knallrotem Gesicht wütete er: «Sie sind genau das, was ich nicht wollte. Und denken Sie ja nicht, dass ich Ihnen helfe. Sie springen ins kalte Wasser, da heißt es schwimmen oder untergehen!» Als ich, immer noch mit weichen Knien, die Redaktion verließ – ich hatte den Job bekommen –, rief er mir hinterher: «Und Sie bleiben mindestens drei Jahre!» Ich hatte es geschafft! Und ich blieb viel länger als nur drei Jahre.

Es wurden glückliche, ausgefüllte, inspirierende Jahre, die mich beruflich kreuz und quer durch Deutschland schickten. Ich schrieb zuerst über Dinge, die ich gar nicht verstand, aber bald schon durchschaute ich sie und lernte, den Inhalt in lesbare Geschichten zu verpacken. Mein Chef mochte mich sehr, zeigte es mir aber nur heimlich. Das war mein großes Glück, denn er war Choleriker und dem Alkohol zugetan. Seine Stimmungen waren also nicht immer klar zu erkennen. Mir ließ er aber «fast» alle Freiheiten, und ich konnte die Geschichten schreiben, wie ich wollte.

Im Laufe der Jahre kultivierten wir einen etwas skurrilen, oft handgreiflichen Humor. So zündete ich zum Beispiel morgens beim Vorbeigehen an seinem Büro die Zeitung an, die er gerade las. Er nahm das ruhig hin – und sann auf Rache. Gegen Feierabend hebelte er dann meine Bürotür aus und baute sie so auf, dass ich den Raum nicht verlassen konnte. Als er mich irgendwann zur Gaudi der Kollegen wieder erlöste, wusste er nicht, dass ich inzwischen das stinkige Wasser aus meinen diversen Blumenvasen gesammelt hatte und ihn damit begoss. Wir lachten, bis uns die Tränen kamen.

Ich schätzte ihn sehr und hätte alles für ihn getan – fast alles. Aber ich hätte nie ein Glas Wein mit ihm getrunken, was er sich manchmal von mir wünschte. Da fand er mich enorm spießig, was er mir jedes Mal wieder unter die Nase rieb. Auch vor Kunden.

Wieder einmal fuhr ich mit Roland und den Kindern in den Ferien in unser Haus im Schwarzwald, das die meiste Zeit des Jahres leer und einsam vor sich hin staubte. Die erste Woche putzte ich wie verrückt, und dann wanderten wir. Ich war davon ausgegangen, dass man mich wegen meines «böswilligen Verlassens» im Tal steinigen würde. Das Gegenteil geschah. Ich wurde hinter so manche Tür gezogen, und mir wurde zugeflüstert, welche Frau ihren Mann «nach mir» verlassen hatte und warum – und wer demnächst gehen würde. Manchmal hatte ich die Vision, auf einem großen weißen Pferd durchs Tal zu reiten, in der Hand ein blitzendes Schwert. Eine Amazone, die für die

Rechte der Frauen, ihrer Schwestern, kämpft. Die Realität aber war, dass ich plötzlich mehrere Freundinnen im Tal hatte, die mich vorher als «Reingeschmeckte» geächtet hatten.

Meine Schwiegereltern empfingen mich nicht freundlich, aber auch nicht unfreundlich. Ich wurde einfach ignoriert. Die Besuche bei ihnen reduzierten sich auf einen bei der Ankunft und einen weiteren bei der Abreise. Dazu gab es den Kuchen von vorgestern, und mein Schwiegervater, von dem ich angenommen hatte, er sei auf meiner Seite, schaute nur betreten zur Seite.

Meine Schwiegermutter war recht früh dement geworden, und ihr Mann schloss sich buchstäblich zehn Jahre lang mit ihr in das kleine Häuschen gegenüber vom Hotel ein. Wenn sie verlangte, zu ihren Eltern zu fahren, und Gegenstände in Tücher verpackte, um abzureisen, fuhr er sie geduldig einmal die Dorfstraße rauf und runter. Und wenn er dann sagte: «So, Mama, jetzt sind wir wieder zu Hause», war sie zufrieden. Bis mittags lag sie bewegungslos im Bett, dann kam die Ärztin und gab ihr eine Spritze. Den Rest des Tages wurde sie zur Teufelin, und ihre bösen Pfeile richteten sich alle gegen ihren geduldigen Mann.

Nach ihrem Tod richtete er sich in ihrem ehemaligen Schlafzimmer ein Musikstübchen ein. Er kaufte sich ein Spinett, ein Klavier, Hunderte von CDs und wurde sehr glücklich mit seiner Musik. Als ich ihm half, ihren Nachlass zu ordnen, fanden wir einen Zettel: «Haben wir Monika etwa unrecht getan?»

Er selbst starb im hohen Alter in einem Pflegeheim. Wir besuchten ihn dort, so oft es möglich war. Zum Schluss konnte er nicht mehr sprechen, nur noch summen. Da klassische Musik seine große Liebe war wie auch meine, «unterhielten» wir uns summend. Er lehnte dann immer wie ein kleines Kind an der breiten Brust meines Mannes, der das liebevoll geschehen ließ und ihn streichelte. Mitsummen konnte er nicht, da er in klassischer Musik nicht so bewandert war. Als mein Schwiegervater eines Tages friedlich einschlief, hinterließ er bei uns eine große Lücke.

Nach einigen Monaten spürte ich, dass Roland nicht mehr zufrieden war mit seiner beruflichen Situation, denn er wurde mit den pubertierenden Kindern immer ungeduldiger. Er wurde auch mit mir ungeduldig und bei Nichtigkeiten sogar ungehalten. Er bekam wieder diesen autoritären Befehlston, und das gefiel mir gar nicht. Eigentlich konnten wir doch zufrieden sein, uns wieder zusammengerauft zu haben. Wo passiert das schon, nach einer fünfjährigen Trennung wieder so viel Nähe herstellen zu können? Mein Inneres war voller Dankbarkeit.

Als wir ein Fest im Garten gaben und er am geöffneten Fenster stand und mit herrischer Stimme rief: «Komm sofort rein, wir müssen die Ablage machen», wurde mir bewusst, dass da etwas ganz und gar nicht stimmte. Ablage machen hieß, dass er auf dem Bett lag und ich die Papiere in die jeweilige Akte einordnete. Wir hassten diese Arbeit beide und waren auch nicht besonders akribisch darin. Aber warum jetzt? Unsere Gäste tanzten, lachten und fanden das Fest großartig. Am nächsten Tag stellte ich ihn zur Rede. Es zeigte sich, dass er sehr unglücklich in seinem Job war. Wieder einmal hatte er nicht die Position bekommen, die er verdient hätte. Sein Vorgesetzter hatte nicht den Bruchteil seines Wissens, und er musste sich immer wieder seinen Fehlentscheidungen beugen. Die Schuld nahm er aber nicht auf sich, sondern schob sie Roland zu. Niederste Bürointrigen spielten sich ab, die mein Mann gar nicht durchschaute, weil er so nicht dachte. Außerdem hatte man ihm die Auszubildenden und die Verhandlungen mit der Gewerkschaft zugeteilt, etwas, was ihm gar nicht lag.

Roland war ein Mann der Tat und fing morgens um sechs gut gelaunt seine Arbeit an, um abends um neun, immer noch gut gelaunt, wenn alles gut gelaufen war, ins Bett zu gehen. Die langen Nächte, die anstanden, wenn im Congress Centrum Konzerte stattfanden, bereiteten ihm körperliche Schmerzen. Als sehr großen Menschen plagten ihn, je älter er wurde, starke Rückenschmerzen, die er mit hoch dosierten Schmerztabletten unterdrückte. Außerdem bereitete ihm sein Knie, ein schlecht operierter Kindheitsunfall, Probleme. Mit anderen Worten: Es kam viel zusammen, das seine Missstimmungen erklärt hätte. Aber ich wusste, da steckte mehr dahinter. Und so war es auch: Er hatte ein Angebot aus Saudi-Arabien bekommen, die Paläste des Königs zu verwalten. Ich glaube, es waren zwölf gewesen, kann mich in der Anzahl aber irren. Es waren jedenfalls mehrere, und ich lernte nur einige kennen. Mir war klar, ich musste ihn gehen lassen, und zwar freundlich. Wir diskutierten keine fünf Minuten darüber, es war entschieden: Er ging wieder ins Ausland.

Ich versuchte ihn nicht umzustimmen, wollte nicht, dass er gefesselt auf seinen Bürostuhl saß, plädierte auch nicht für ein vermeintlich sicheres und bürgerliches Familien- und Eheleben. Das lag uns beiden nicht. Inzwischen war ich auch in meinen Handlungen und Entscheidungen so selbstständig geworden, dass ich keinen permanent anwesenden Ehemann brauchte. Wir unterschrieben eine neue Vollmacht, die mir alle Freiheiten bezüglich der Finanzen zusicherte. Roland interessierte Geld immer noch nicht, das ging an die Familie. Alle seine persönlichen Bedürfnisse wurden von dem jeweiligen Arbeitgeber abgedeckt. Ein gutes Bett, ein großer Fernseher, ein für seine Größe passendes Bad, ein Auto mit Fahrer, gutes Essen, gereinigte Anzüge und gewaschene und gebügelte Hemden, sämtliche für ihn wichtige Tageszeitungen und ein kostenloses Telefon für unsere Anrufe. Dazu das Wohnrecht für die gesamte Familie. Wir konnten also kommen, wann wir wollten. Die Kinder erhielten bis zur Volljährigkeit jährlich ein freies Ticket, ich zwei. Und ein- bis zweimal im Jahr flog mein Mann zu uns. Er konnte gut ohne die ständige Anwesenheit seiner Familie leben. Etwas, was mir nicht möglich gewesen wäre. Tage ohne die Kinder! Das war für mich inzwischen undenkbar.

Einige skurrile Situationen passierten in den kommenden Jahren, über die wir später herzlich lachten, obwohl man sie auch als traurig bezeichnen konnte. Bevor Roland nach Hause kam, erkundigte er sich immer nach dem Alter der Kinder und in welche Klasse sie gingen. Einmal rief er mich mitten in der Nacht aus Indien an und fragte, ob unsere Kinder drogensüchtig seien. Er hatte gerade im Fernsehen einen amerikanischen Film über das Thema gesehen.

Es begann die Zeit der zwei Kleiderschränke. In einem befand sich die Kleidung für meinen Berufsalltag, Hosenanzüge und Kostüme, sowie die für mein normales Leben als Mutter, Jeans, T-Shirts, Sweatshirts und Kapuzenpullis, die gerne von allen Kindern mitbenutzt wurden. Im zweiten Schrank hingen Abend- und Cocktailkleider, in ihm bewahrte ich auch exquisite Schwimm- und Freizeitmode auf, aber auch rustikale Outfits für Wüstentouren. Hinzu kamen elegante Schuhe und zünftige Wanderschuhe für die längeren Abenteuerreisen. Da deren Ausgang nie richtig zu berechnen war, musste die Kleidung auch viele Taschen haben, in denen man alles Mögliche unterbringen konnte.

Mein zweiter Kleiderschrank enthielt Sachen für heiße Länder, Roland legte größten Wert darauf, dass wir ordentlich und repräsentativ gekleidet ankamen.

In den nächsten vielen Jahren fuhr ich mal mit, mal ohne Kinder in all die Länder, in denen Roland arbeitete, zum Beispiel Saudi-Arabien, China, Indien, Südkorea und Indonesien, um nur einige zu nennen. Mein jüngster Sohn sagte einmal: «Papa, du hast uns nie ein Auto geschenkt, dafür aber die Welt gezeigt!»

VOM GLÜCK
DES KOCHENS

Eine neue spannende und sehr erfolgreiche Phase in meinem Leben kündigte sich leise an, ohne dass ich es merkte. Ich spürte nur hin und wieder ein Kribbeln in den Fingerspitzen. Für mich ein Zeichen, dass etwas in mir rumorte. Eine kleine, beginnende Unzufriedenheit. Irgendwie sah ich schon zu viele Jahre von meinem Büro im Fachverlag auf die blöde Autowerkstatt unter mir. Irgendwie verbrachte ich schon zu lange die schönsten Stunden des Tages in meinem Zimmer mit dem grauen Nadelfilzteppich. Irgendwie nervten mich die läppischen Mobbingversuche meines neidischen Kollegen im Büro nebenan. Irgendwie brauchte ich etwas Neues. Irgendetwas, was ich noch nie gemacht hatte.

Meine Chance auf eine Veränderung kam aus dem Nichts. Ganz plötzlich. Aber ich spürte sofort, da war sie, die Gelegenheit, etwas ganz Neues zu tun. Und wieder etwas, was ich nicht konnte, von dem ich keine Ahnung hatte. Nichts, was ich gelernt hatte. Wieder eine Chance, mich in ein Abenteuer mit mir selber zu stürzen.

Ich lernte eine Frau kennen, die in einem Foodtruck köstliche Dinge kochte. Für Film und Werbung, wie sie mir erzählte. Eine Form des Catering, die damals noch sehr ungewöhnlich und neu war. Sie folgte dem Filmteam mit ihrem Truck und bekochte den ganzen Drehtag über alle Mitarbeiter. Es war nicht unbedingt der Duft des Essens, der mich betörte. Es war das Mitziehen mit dem Team, das mich reizte. Es hatte etwas von Abenteuer, von Ungebundenheit, weit weg von einem Büro mit Blick auf eine Autowerkstatt. Ein Hauch von Freiheit lag darüber; aber man musste auch etwas aushalten können. Dafür erlebte man Dinge, die nur an jenem Tag galten; das alles erahnte ich nur, doch ich lag verdammt richtig mit meinem Gespür.

Es dauerte ein Jahr, bis sie sich wieder bei mir meldete. Sie hatte mich, die elegant gekleidete Journalistin, keinen Augenblick als ernst zu nehmende Mitarbeiterin in Betracht gezogen. Erst in großer Not, mitten im Winter, erinnerte sie sich an mich. Ich zog mir feste Wanderstiefel an, Thermounterwäsche und eine dicke, wattierte Jacke und begann um sechs Uhr in tiefer Dunkelheit bei Minusgraden meinen ersten Arbeitstag. Und ich liebte es, es war genau das, was ich mir ersehnt hatte – nur hatte ich nicht gewusst, wie es heißt und was es ist.

Wir arbeiteten sechs Jahre zusammen, und alles, was ich übers Kochen weiß, weiß ich von ihr. Als wir uns nach sechs Jahren trennten, taten wir es, weil ich mich mit einem eigenen Catering selbstständig machen wollte. Sie riet mir zu diesem Schritt, aber ich konnte ihn nur wagen, weil sie eine exzellente Lehrmeisterin gewesen war.

Eine neue, spannende, oft harte, immer interessante und so ganz andere Zeit fing an. Sie dauerte sechzehn wunderbare Jahre, und es gab keinen einzigen Tag, an dem ich dieses Abenteuer bereute. Da ich kein eigenes

Catering-Auto besaß, konnte ich nur dort arbeiten, wo es Küchen gibt. Und die sind in jedem Fernsehstudio zu finden. So wurden diese Studios eine Art zweite Heimat für mich. Die Fernseharbeit und das Klima dort gingen mir so unter die Haut, dass ich mich in dieser Atmosphäre ganz zu Hause fühlte.

Über diese Jahre könnte ich so viel sagen und erzählen. Aber das ist wie beim Arzt – es wird nichts über die Prominenten ausgeplaudert, die im Laufe der vielen Jahre Gäste in der Talkshow waren. In den Talkshows, muss ich sagen, denn ich arbeitete für verschiedene Moderatoren und Sendungen.

Als mein Hauptauftraggeber nach sechzehn Jahren seine Sendung beendete, dachte ich, dass ich mit sechsundsiebzig eigentlich auch aufhören könnte. Mein Mann war inzwischen als Rentner nach Hause zurückgekehrt und genoss sein, wie er sagte, «Nichtstuer-Dasein» in vollen Zügen. Nur war er nicht sehr gesund. Und er wurde auch sehr schnell kränker. Die große körperliche Belastung und das Hin und Her seiner Berufsjahre forderten ihr Tribut in bedrohlicher Form. Da ich jetzt aber zu Hause war, konnte ich ihn verwöhnen. Und ich verwöhnte ihn gerne. Es fiel mir leicht – was mir jedoch überhaupt nicht leichtfiel, waren das ständig Herumrennen im Haushalt und die immer gleichen Arbeiten. Bislang war ich von Termin zu Termin geflitzt und hatte hinterher immer viel zu erzählen; der Haushalt lief nebenbei. Jetzt rannte oder schlenderte ich zwischen Kühlschrank und Waschmaschine hin und her. Das war definitiv zu wenig.

Roland lag meist im Bett, befand sich im Krankenhaus

oder war zur Reha. Als er bald darauf ganz bettlägerig wurde, konnte ich nicht mehr ohne vorherige komplizierte Planung das Haus verlassen. Ich verwöhnte ihn nach wie vor, aber eine graue Depression kroch langsam auf mich zu. Ich hatte noch nie eine Depression gehabt und kannte nur das Gegenteil. Wurde es schwierig, holte ich tief Luft und sagte mir: «Kopf hoch und durch.» Aber das, was da so bedrohlich auf mich zukam, fühlte sich gar nicht gut an. Nachts ließ es den Schlaf nicht zu und sorgte ständig für schlimmstes Wetter in meiner Seele. Nein, das durfte ich nicht zulassen. Wo war mein Optimismus geblieben, meine Energie, meine Lebenslust, mein Humor, wo war ich überhaupt?

Ich konnte mich nicht mehr spüren. Saß ich neben meinem Mann an seinem Bett, ging es mir besser. Für kurze Zeit zumindest. Er, der Kranke, war immer gut drauf. Er legte sich alles so zurecht, dass er es sogar genoss, ans Bett gefesselt zu sein. «Endlich kann ich mal so lange liegen bleiben, wie ich will.» Er litt nicht unter seiner Bewegungseinschränkung. Kam der Physiotherapeut und raffte ihn hoch, machte er nur sehr unwillig mit. Als er endlich wieder im Bett lag, strahlte er über das ganze Gesicht. «Schatz, kannst du uns mal einen Sherry und eine Kleinigkeit dazu bringen», war seine ständige Bitte. Die Therapeuten empfanden Rolands Verhalten übrigens nicht als Qual. Er war ein beliebter Patient.

An dieser grauen Wolldecke, die sich auf mein Gemüt gelegt hatte, wollte ich ihn aber nicht teilhaben lassen. Aber er merkte es natürlich. «Früher warst du immer so lustig. Du hast immer so herrliche Grimassen gemacht. Ich vermisse das. Warum ist das so?» Das fragte er mich eines Tages, und ich wusste, ich musste unter dieser Decke herauskriechen. Aus eigener Kraft. Ich musste mir ganz ehrlich die Frage beantworten, was mir fehlte, was mich so unglücklich machte. Es war nicht mein Mann und auch nicht seine schlechte Verfassung. Er war ja derjenige, der trotz Krankheit gute Laune verströmte. Ich war der Trauerklops, der heimlich ins Kissen heulte. Ich fühlte mich, als säße ich mitten in einem dunklen Teich und hätte nur noch die Augen knapp über der Wasseroberfläche. Kurz vor dem Ertrinken.

Und dann kam der Moment, aus dem Nichts, in dem ich die Antwort wusste: Mir fehlte eine Aufgabe. Eine große Aufgabe. Das mit dem Haushalt machte ich mit links. Roland war eher eine Bereicherung als eine Last. Er machte es mir sehr leicht. Töpfern wollte ich nicht, Bridge spielen oder Golfen auch nicht. Zum Sport ging ich seit einiger Zeit regelmäßig, das hatte ich mir längst organisiert. Die Kinder waren schon lange aus dem Haus. Die Enkelkinder brauchten mich auch nicht mehr so oft.

Die Aufgabe, die ich brauchte, das wurde mir klar, musste Sinn machen. Ich wollte keinen Zeitvertreib, meine Zeit war reichlich ausgefüllt, nur nicht mit etwas, was «etwas» bewirkte. Es war Roland, der mir die zündende Frage stellte: «Was, meinst du, kannst du besonders gut, und was könnte dich glücklicher machen?»

Die Antwort war schnell gefunden. In meinen vielen Jahren im Catering hatten mich nicht nur das Kochen und Ausprobieren von neuen Rezepten glücklich gemacht, sondern zu einem sehr großen Teil auch meine Rolle als Gastgeberin. Gastgeberin, das war das Zauberwort! Und mein pragmatischer Ehemann hatte sofort die Lösung. Er wusste, dass ich keinen Gastronomiebetrieb wollte; mit großer Überzeugung hatte ich meinen Gewerbeschein abgegeben. Sein Vorschlag war, bei mir in der großen Altbauwohnung Dinner zu veranstalten und das eingenommene Geld zu spenden. An wen? Auch das wussten wir beide sofort. Seit Jahren schon verfolgte ich vor Weihnachten im Klassik Radio die Bitten um Spenden für das Waldpiraten-Camp, eine Einrichtung in Süddeutschland, in der Kinder mit oder nach einer Krebserkrankung eine wunderbare Auszeit genießen konnten. Und das, was uns immer besonders begeistert hatte, war, dass die Geschwisterkinder mitkamen. Und waren die Eltern sehr erschöpft, kamen auch die mit. Eigentlich spendeten wir dort nur einmal im Jahr Geld – und erleichterten damit, eigentlich ganz egoistisch, unser schlechtes Gewissen, viel zu wenig oder letztlich gar nichts für die Allgemeinheit zu tun. Uns ging es gut, sehr gut, und ich musste nicht etwas tun, um Geld zu verdienen. Aber etwas auf die Beine zu stellen und damit Spenden für diese Einrichtung zu erarbeiten, das gefiel mir.

Das war der Anfang von fünf sehr ausgefüllten Jahren mit «der besten Idee, die ich je hatte». Eine Kollegin aus meiner Cateringzeit, die inzwischen eine gute Freundin geworden war, machte mit. Auch sie war nicht darauf angewiesen, Geld zu verdienen, und auch sie liebte das Gastgebersein. Sie musste nur ihren Mann davon überzeugen, dass die Idee kein Blödsinn war. Sie behinderte damit zwar seine Pläne, permanent irgendwo auf einem Boot zu leben, und ich glaube, er hasste mich lange dafür. Aber das verflog im Laufe der Jahre, als er sah, was wir da mit ungeheurem

Erfolg aufbauten. Wir wurden sogar so etwas wie Freunde, obwohl sein Traum zur Freude meiner Freundin damit gestorben war.

Wir luden zehn Testpersonen ein, denen wir ein Fünf-Gänge-Menü servierten und deren Aufgabe war es, Lob und Kritik zu äußern. Das wiederholten wir und nahmen jede Anregung begierig auf. Über das, was wir servierten, machte ich mir keine großen Gedanken. Ich hatte so viele Jahre gekocht, dass ich ungefähr einschätzen konnte, was allen schmeckt.

Und dann war da auch noch Roland, mein Berater und schärfster Kritiker. Er probierte und bewertete jeden Bissen, was nicht immer nur mit Lob endete. Mit anderen Worten: Wir gerieten hin und wieder heftig aneinander. Er kochte klassisch und eher konservativ, so wie er es gelernt hatte, und ich «schmiss» seiner Meinung nach alles gegen die Regeln zusammen. Klar, das tat ich auch, aber nicht unüberlegt. Ich experimentierte, probierte auch gewagte Dinge aus und war sehr oft weit weg von der klassischen Küche. Leider konnte ich meinem Mann nur berichten, dass meine Gäste es liebten. Als er einmal zu einem Berufskollegen sagte: «Meine Frau kocht mit Fantasie, ich beherrsche nur das, was ich gelernt habe», war ich sehr stolz.

Aus den zehn Gästen wurden schnell zwölf, dann vierzehn und sechzehn. Bis meine Mitstreiterin sagte: «Das schaffe ich nicht mehr.» Und so halfen die Enkelkinder und ihre Freunde. Die wachsende Zahl von Gästen bewältigten wir gerade mal zu fünft nur mit viel Disziplin. Mehr Helfer konnte ich auch nicht brauchen, da meine Küche nur vierzehn Quadratmeter misst; wir traten uns fast gegenseitig auf die Füße.

Doch ohne meine gut eingearbeiteten Enkel und deren Freunde hätten wir die Essen nicht fünf Jahre lang so glatt über die Bühne bekommen. Sie fanden jeden Freitag statt. Von achtzehn bis dreiundzwanzig Uhr. Auf die Minute genau. In der ersten Zeit machten wir alle Fehler, die man nur machen kann (heute können wir herzhaft über unsere Anfangsnaivität schmunzeln). Ich stellte an einen prominenten Platz am Eingang eine Kasse auf. Jeder konnte das geben, was er wollte. Das machten wir aber nur ein Mal. Der Schnitt waren fünf Euro für ein Fünf-Gänge-Menü inklusive der Getränke.

Mein Mann hatte mich gewarnt: «Greif nicht in unsere private Kasse, dann sind wir ganz schnell arm.» Ich musste ihm das hoch und heilig versprechen. Also beschäftigte ich mich intensiv mit den Kosten. Ein schwieriges Thema, denn ich wollte nur gute Qualität. Dennoch musste möglichst viel übrig bleiben, um wöchentlich eine schöne Spende zu erwirtschaften. Mein Glück war, dass ich gut mit Geld und Zahlen umgehen kann. Aber es dauerte einige Zeit, bis ich mich auf einen Preis festlegen konnte. Nicht zu viel, es sollte sich ja jeder das Essen leisten können, aber auch nicht so wenig, dass ich nicht einmal die Blumen-Deko auf dem Tisch zahlen konnte.

Der Plan, dass sich Fremde an meinem Tisch treffen und einen gemeinsamen Abend voller Genuss, aber auch Anonymität verbringen, ging auf. Es gab nur Mundpropaganda und funktionierte bestens. Man konnte sich per E-Mail anmelden, wobei ich aber nie wusste, wer am Freitag um achtzehn Uhr vor meiner Tür stand. Oft wurde ich gefragt, ob ich keine Angst hätte, dass da mal ein böser Mensch meine Privaträume beträte. Hatte ich nie. Ich fürchtete auch nie, dass etwas gestohlen würde. Oder jemand hinterher bei mir einbrechen würde, nachdem er die alten Dinge und meine Silbersammlung registriert hatte. In all den Jahren wurde nicht mal eine Gabel gestohlen.

Auch gab es nie schwer betrunkene Gäste, die dann randalierten, nur einmal eine hübsche junge Frau, die schwankend meinte, meine Küche aufräumen zu müssen. Weil ich so schwer gearbeitet hatte, wollte sie mir helfen. Mit vereinten Kräften zogen wir sie aus der voll beladenen Geschirrspülmaschine, bevor etwas Schlimmeres passierte. Zwei junge Männer nahmen sie, die laut protestierte, resolut unter den Arm und brachten sie nach Hause.

Bald darauf stürmten Presse und Fernsehen die Wohnung. Damit hatte ich nun gar nicht gerechnet. So viele Jahre hatte ich in den Studios gearbeitet und war immer sehr froh darüber, dass es hinter und nicht vor der Kamera war. Unendlich viele Prominente hatte ich in den Talkshows erlebt, die vor Lampenfieber zitterten. Und jetzt sollte ich ...? Eine unerträgliche Vorstellung. Und dann tat ich es doch. Ich weiß nicht, was mich da geritten hatte. Heute kenne ich keine Nervosität mehr. Man kann sich immer wieder überwinden, etwas zu tun, was einem große Angst bereitet. Das ist ein gutes Gefühl. Nicht wegen der Eitelkeit, hey, ich bin im Fernsehen, sondern, hey, ich kann etwas Neues.

Mein Mann liebte die Essen. Er war ein wichtiger Teil der Planung, und ich konnte mir nicht vorstellen, die Speisen ohne ihn zu kochen. Er testete jedes Gericht, und ohne sein Okay ging nichts aus der Küche. Inzwischen hatte ich so etwas wie Stammgäste. Viele kamen von weit her angereist, was mich besonders unter Druck setzte. Ich hatte irgendwie ein schlechtes Gewissen: eine lange Anreise, noch dazu mit Hotelübernachtung, und dann komme ich mit meinem läppischen Essen daher ... Es dauerte lange, bis ich diese Angst, sie zu enttäuschen, überwunden hatte.

Die Stammgäste führte ich manchmal ans Bett meines Mannes. Man sah seine Augen blitzen, man spürte seine Freude, und wenn er dann mit Grandezza bei mir Sherry für alle bestellte, bekam man einen Schimmer davon, wie er einst als gesunder Gastgeber gewesen war: großzügig, weltmännisch und unterhaltsam. Die Gäste liebten es.

Eine neue Operation stand an. Sie nahm Roland den Rest seiner Beweglichkeit. Er verbrachte eine lange Zeit im Koma, mit unzähligen Medikamenten und künstlicher Beatmung. Als er wieder zu sich kam, sprach er mit mir fast gar nicht mehr. Wir hielten uns nur an den Händen umklammert, und ab und zu schaute er bedeutungsvoll nach oben. Ich wusste, was er mir sagen wollte. Ich sollte dafür sorgen, dass nun endlich Schluss gemacht wurde. So hatten wir es besprochen. Der einzige Versuch, den ich bei einem Gremium von Ärzten unternahm, scheiterte kläglich. Jeder Schritt und jede Handlung im Krankenhaus sei schriftlich dokumentiert, meinten sie, auch wenn sie menschliches Verständnis dafür hätten, dass es für meinen Mann nur noch ein hoffnungsloses Dahinvegetieren sei, seien ihnen die Hände gebunden. Danach wurde er in eine Kurzzeitpflege verlegt. Mir wurde gesagt, das sei nur übergangsweise. Ich wusste gar nicht, was eine Kurzzeitpflege ist. In dieser Zeit ließ ich sein Zimmer zu Hause mit einem Pflegebett und allen Hilfsmitteln ausstatten, die eine häusliche Pflege möglich machten. Er sah das Zimmer nie mehr, sondern blieb in der Kurzzeitpflege, und wir besuchten ihn täglich. Sogar mit dem Hund, was verboten war. Der Hund sprang gleich begeistert auf sein Bett, um sich streicheln zu lassen. Eine köstliche Erinnerung: die matschigen Pfotenabdrücke auf der Bettdecke und die große Freude meines Mannes. Meinem Mann wurde noch eine kurze Zeit Leben geschenkt, falls man es Leben nennen kann, ans Bett gefesselt zu sein. Aber er war bei Bewusstsein, und er hatte mit jedem seiner Kinder noch die Chance zu intensiven Gesprächen. Und wieder klagte Roland nicht, und so klagte ich auch nicht. Ich brachte ihm jedes Mal kleine Leckereien mit, die ich ihm in den Mund schob, was er mit «Jetzt fresse ich meiner Frau schon aus der Hand!» kommentierte. Er fand das wahnsinnig lustig. Oft aß ich sein dröges Abendessen auf, damit er wegen «Beikonsum» keinen Ärger bekam. Ich schob seinen Rollstuhl neben das Bett, klemmte einen Stuhl daran, den ich mit einem Schal festband, und rollte mich in dieser Erfindung so zusammen, dass ich darin schlafen konnte. Seine gelbe Wolldecke zog ich mir über den Kopf, und wir hielten uns an den Händen. Für das Personal wurde das ein gewohnter Anblick. «Familie Fuchs schläft gerade.» Es wurde toleriert, und wir wurden nicht gestört. Es sind meine letzten schönen Erinnerungen mit Roland.

Dann kam der schreckliche Anruf, früh am Morgen. Mein Mann habe einen Herzstillstand erlitten. Er habe noch gefrühstückt, und alles sei gut gewesen. Die Pfleger hatten ihn gefunden und sofort eine Reanimation eingeleitet. Er sei jetzt im Krankenhaus, ich solle sofort kommen. Sie hatten tatsächlich sein Herz wieder zum Schlagen gebracht, aber zu welchem Preis! Es war genau das, was Roland nicht gewollt und auch in seiner Patientenverfügung festgelegt hatte. Unser Hausarzt, der auch ein guter Freund war, bekam einen Wutanfall. «Man hätte ihn doch einfach in Ruhe sterben lassen können!» Er schimpfte auf die Pfleger, die den Dingen nicht ihren natürlichen Lauf lassen konnten.

Das Pflegeheim erklärte mir später, diese Handlungsweise sei Pflicht. Es ging um die Absicherung für das Pflegeheim. Mich rief auch die Polizei tatsächlich an, um zu fragen, ob nachgeholfen worden sein könnte. Absurder konnte es gar nicht mehr werden.

Der Tag kam – und es gab ihn nicht mehr. Er war erlöst. Mir blieb nur das, was ich ihm versprochen hatte. «Du musst ganz viel und doll und lange um mich weinen, damit ich merke, wie sehr du mich geliebt hast. Und dann musst du eine sehr lustige Witwe werden!» Aber bevor ich das in die Tat umsetzen konnte, sagte mein Herz «Nein» und versagte. Diagnose: Broken-Heart-Syndrom.

Zum Unverständnis einiger Menschen in meinem Umfeld begann ich einige Wochen später wieder, Gäste zu meinen Freitagsessen einzuladen. Und zwar auf den dringenden Rat meines Kardiologen hin. Meine Diagnose war kein Herzinfarkt; das Syndrom war emotionaler Art. Es war ein guter Rat. Ich fand langsam wieder zurück ins Leben, und bei jedem Essen erwähnte ich meinen verstorbenen Mann, der nun die goldene Leiter nach oben geklettert sei, wie er es immer nannte, mich aber immer noch scharf beim Kochen beobachtete und bestimmt wetterte: «Was sie da alles wieder zusammenschmeißt!»

Corona kam und schlug nicht nur mir alles aus der Hand. Ich saß eingesperrt allein in der Wohnung und lebte in einer Fress-Netflix-Blase, schlurfte den ganzen Tag im Schlafanzug umher, saß festgeklebt vor Serien und guckte einen Film nach dem anderen. Mit einem Küchenhandtuch um den Hals stopfte ich eine Mahlzeit nach der anderen in mich hinein. Keine Freitagsessen mehr, keine Spaziergänge, keine Besucher, kein YouTube «Monika Fuchs kocht», keine Aufgabe, kein gar nichts mehr – bis mein Sohn Martin eine zündende Idee hatte und die nächste erfolgreiche Etappe begann.

Martin stand in meinem kleinen Vordergärtchen zur Straße hin und ich auf der Terrasse über ihm. Der vorgeschriebene Abstand zwischen uns war also gegeben. Er hatte seine Filmutensilien im Garten aufgebaut, zur Schaulust der Passanten, und rief mir Anweisungen zu. Vorher hatte er mir mit einem Besenstiel die nötigen Lebensmittel in den Hausflur geschoben. Ich stand zwischen den mit Geranien – der Lieblingsblume von Roland – bestückten Blumenkästen und köchelte auf zehn Zentimetern Breite fröhlich vor mich hin. Denn fröhlich sollte es sein. Wir stellten das Ganze auf unseren YouTube-Kanal unter dem neuen Titel «Monika Fuchs kocht – Terrassenküche».

Bald schon hatten wir unseren Sohn-Mutter-Dialog drauf, den unsere Fans mochten und reichlich kommentierten. Zu Anfang drehten wir jeden Tag ein Video, danach im Schnitt einmal die Woche. Das machen wir heute noch, mit großem Spaß und auch Erfolg. Aber in den kalten Monaten zogen wir natürlich in die Küche, in unser Winterlager, um. Ich werde als die älteste YouTuberin Deutschlands bezeichnet und amüsiere mich darüber, dass man sich trotz oder wegen des hohen Alters noch Lorbeeren verdienen kann. Aber der größte und goldenste Lorbeerkranz gehört eigentlich meinem Sohn Martin. Er hat Einfälle, er filmt, er schneidet die Filme, er vertont das Ganze, und meistens räumt er hinterher auch noch die ganze Küche auf. Ohne seine üppige Fantasie hätte dieses Terrassenkochen beziehungsweise unser YouTube-Kanal nicht stattgefunden. Die verschiedenen Medien feiern uns übrigens sehr großzügig, und das freut uns!

Ich habe lange, viel zu lange an diesem Manuskript gearbeitet. Das liegt hauptsächlich daran, dass ich nicht gerne über mich rede. Damit habe ich mir schon Freundschaften verdorben. «Wir erzählen dir alles, und du über dich gar nichts.» Stimmt. Der Vorwurf ist berechtigt. Aber ich höre lieber zu, als selber zu erzählen – und dann noch über mich. Ich habe das noch nie gemocht. Auch habe ich meine Schwierigkeiten mit Klagen. Ich löse meine Probleme lieber alleine mit mir. Vorzugsweise in schlaflosen Nächten. Wobei ich übrigens aus der Warte meines hohen Alters sagen kann, dass so viele, so unendlich viele Sorgen unnötig waren. Aber das kann man kaum vermitteln, wenn jemand akut auf einem Berg Sorgen sitzt.

Das Leben ist wirklich ein großer Fluss, der beharrlich immer weiterfließt, ob man das nun will oder nicht. Man wird einfach mitgerissen. Es ist wie mit dem Muttersein. Eine Aufgabe, die uns abverlangt, gut zu sein. Im besten Fall sogar perfekt. Läuft da etwas schief mit dem Kind, hat natürlich die Mutter Schuld. So haben wir aber nicht gelernt, unser Leben oder unser Schicksal einfach so zu akzeptieren, wie es uns zugeteilt wird. Aber daraus das Beste für uns zu machen, das ist die Kunst. Und liegt in unserer Hand. Ich glaube an Taten und nicht nur an Worte. Ein sauberer Schnitt ist manchmal besser als ein jahrelanges Dahindümpeln. Nach vorne schauen gefällt mir besser als ständig nach hinten. Neue Ufer anzustreben, belebt und hält wach. Mutig sein gefällt mir sehr gut. Nie das Lachen zu verlernen. Mir hat das jegliche Beruhigungstablette erspart – und den Therapeuten.

Gestern noch sagte eine Mutter zu mir, sie habe regelrecht Angst vor ihren Kindern, wenn sie sich zankten. Da musste ich herzlich lachen. Zwei Gläser mit kaltem Wasser genügen, auf den Kopf eines jeden Kontrahenten gegossen, um dem Streit ein jähes Ende zu bereiten. Ist drastisch, klar, soll es ja auch sein. Aber dann gibt es nur noch zwei beleidigte Kinder und eine herzlich lachende Mutter, die in dem Moment natürlich keine Bonuspunkte bekommt.

Über meine vier Kinder und neun Enkelkinder habe ich nicht viel berichtet, denn das erscheint mir übergriffig. Für mich sind sie das größte Geschenk meines reichen Lebens. Wenn ich mit ihnen zusammen bin und sie zum Beispiel meine neue After-Krebs-Frisur loben, kurz und wild, dann hat sich sogar der große Schreck gelohnt. Oder zumindest ins Positive gewendet.

Nächsten Monat breche ich zu einem neuen Abenteuer auf. Ich fahre mit meinem jüngsten Sohn an den Nordpol. Vor einigen Jahren habe ich mal vor Publikum drei Wünsche geäußert. Noch ein Buch schreiben – wird passieren. Ein Restaurant im Wohnzimmer zu betreiben – habe ich fünf Jahre lang mit großem Erfolg geschafft. Und einmal an den Nordpol fahren, um dort für Wissenschaftler zu kochen.

Das hat eine Produktionsfirma aufgegriffen, und bald geht es los.

Wäre doch gelacht, wenn ich das mit fünfundachtzig nicht schaffe.

EPILOG

ieses Buch zu schreiben, hat sehr lange gedauert. Ich weiß auch, warum. Ich hatte kein Problem damit, meine Erinnerungen loszulassen und auf Papier zu bringen. Aber da gab es so einen sarkastisch grinsenden Schreibteufel, der auf meiner Schulter saß und mir ständig etwas diktieren wollte, was nicht stimmte. In anderen Worten – von meiner über achtzigjährigen Erinnerungswarte aus erwischte ich mich zu oft dabei, so manche Geschichte zu vergolden. Weil es sich einfach besser anfühlte. Mein Kampf war also, nicht vom Pfad der Realitätserinnerung abzuweichen. Immer und immer wieder in mich zu gehen und mich zu fragen: War es wirklich so?

Es gab noch eine weitere, mich sehr zu Boden drückende Erkenntnis, die meinen Schreibfluss immer wieder bremste. Was hätte ich alles verhindern können, wenn ... Aber dieses WENN war damals noch nicht ausgereift. Hatte mir noch nicht einmal kurz mit den Augen zugezwinkert, um mir zu signalisieren: Mich gibt es. Es schlummerte viel zu lange in den tiefsten Tiefen meines Inneren.

Dabei lag es direkt vor mir, aber ich griff zu spät zu. Das Wunderwort hieß NEIN. Und ging weiter mit dem Satz: ICH WILL DAS NICHT. Mehr hätte ich vor dem Abbruch meiner Ehe mit Roland nicht benötigt, um sehr viel Leid, Missverständnisse und die Verschwendung kostbarer Zeit zu verhindern. Dann wären die fünf Jahre «Besatzungszeit», wie Roland die Jahre der Trennung nannte, vielleicht gar nicht nötig gewesen. Heute würde ich in der gleichen Situation sagen: Nein, ich will das nicht. Und die Dinge hätten sich anders geregelt.

Erst im Rentenalter, als wir wieder permanent zusammenlebten, zeigte sich, dass unsere Liebe damals zwar heftig durchgerüttelt, aber nicht vollkommen zerstört wurde. Wir hatten das große Glück, noch fünfzehn wunderbare, liebevolle und mit viel Humor und guten Mahlzeiten gewürzte Jahre zusammen sein zu dürfen.

Was übrigens nach zwanzig Jahren Trennung aus beruflichen Gründen nicht einfach so von alleine passierte. Als sein 65. Geburtstag (und mein 64.) immer näher rückte und damit das Ende seiner Berufszeit, hatten wir beide, wie man so schön sagt «die Hosen gestrichen voll». Nur waren wir damals, durch die vielen Briefe, die wir uns schrieben, in der Lage, uns das gegenseitig einzugestehen. Wir einigten uns auf eine Halbierung der Wohnung. Jeder hatte seinen Teil und konnte da schalten und walten, wie es gerade passte.

Das war auch die Zeit, in der so manche nie vergessene Sprachblüte entstand. Er: «Ich will unbedingt vor dir sterben.» Ich: «Warum das denn? Ich will nicht ohne dich leben!» Er: «Weil ich sonst hinter dir aufräumen muss.» Oder seine Ansage, die Leute sollten sich nicht so anstellen, wenn es ans Sterben ginge. Hätten sie doch die ganze Zeit gewusst. Er hatte ein großes Verständnis und die Akzeptanz für den Kreislauf des Lebens. Er fürchtete sich nicht vor dem Tod. Im Gegenteil: Statt zu jammern, füllte er seine letzte Zeit mit Danksagung für sein ungewöhnliches und ausgefülltes Leben.

Nach seiner Beerdigung fuhren unser jüngster Sohn Sebastian und ich ganz spontan im Auto Richtung Osten. Richtung Polen. Schweigend und ohne Musik. Auf der Suche nach dem traurigsten Haus. Ein Haus, das noch trauriger war als wir. Wir fuhren durch Regen, Kälte, über löchrige Straßen, durch Dörfer, ohne je einen Menschen zu sehen, verfuhren uns in einem endlos großen Wald, ohne den Weg wieder aus dieser Schlammhölle zu finden. Das Navi versagte, wir hatten Angst. Wir wurden durch einen Haufen betrunkener Waldarbeiter gerettet. Wir fanden das Haus. Da stand es.

Grau, ohne jegliche Farbe. Angenagt von Zeit, Wetter und Vernachlässigung. Die Zähne ausgeschlagen, die Augen blind. Mitten in einem schlammigen Feld. Drum herum kein Dorf, kein weiteres Haus. Deprimierende Ein-öde. Und sozusagen um den Hals hing ihm windschief ein Schild. «Zu verkaufen», auf Deutsch. Da konnten wir nicht, wie wir es uns eigentlich vorgenommen hatten, so richtig weinen. Wir mussten lachen. Und wussten, das war Humor vom Feinsten. Rolands Humor.

DANK

In Gedanken möchte ich meiner langjährigsten, liebsten und viel zu früh von uns gegangenen Freundin Katrin von Carlowitz danken. Sie hat mir immer, manchmal über Kontinente hinweg oder zu den ungewöhnlichsten Uhrzeiten, ihren liebevollen, aber handfesten Rat zukommen lassen. Ich weiß, wie gerne sie mit an diesem Buch gearbeitet hätte. Denn sie wusste alles über mich.

Mein größter Dank gilt aber meiner Familie, die niemals auch nur einen Millimeter von meiner Seite gewichen ist. Dabei habe ich ihnen so einiges zugemutet. Vieles hätte ich ohne sie nie geschafft.

Ich danke

Martin, Tini und Enkelin Hannah.

Rebecca, Bernhard und den Enkeln Edgar, Emma und Karlotta.

Felipa, Andreas und den Enkeln Felix, Luisa und Greta.

Sebastian, Jessi und den Enkelinnen Milla und Tilda.

Und auf Vorschuss Urenkel Gustav Kalle Bo.

Wenn ich eines Tages hoffentlich bereit und fröhlich trällernd die goldene Leiter nach oben geklettert bin, dann merkt ihr spätestens, wie sehr ich euch liebe.

MEIN KREBS,
SO EIN SCHEISSKERL –
EINE ART TAGEBUCH

Im Mai 2021 *ging es mir ganz plötzlich so schlecht, dass ich nur noch spuckend auf der Bettkante saß. Mein Innenleben akzeptierte nicht einmal einen Schluck Wasser. Ich hatte einen Arzttermin für meine jährliche Generaluntersuchung. Der Arzt sei an diesem Tag nicht da, wurde mir in der Sprechstunde mitgeteilt. Der Taxifahrer spürte meine Verzweiflung und fuhr mich zu einem anderen Arzt. Dieser machte einen Ultraschall und eine kleine Generaluntersuchung. Danach sagte er: «Sie haben einen Lungentumor.» Und so war es auch.*

Inzwischen liege ich seit einer Woche in einer Lungenklinik mit bestem Ruf. Was nutzt mir der, ich habe einen Lungentumor. Er kann nicht einfach so wegoperiert werden, schwere Geschütze müssen ran. Chemo, Bestrahlung, Medikamente und – besonders Angst machend – der Verlust meiner dicken Haare. Auf die ich immer so stolz war, bis jetzt noch bin. Heute ist Samstag, dann kommt Pfingsten, und am Dienstag soll es mit der Chemo losgehen.
Ich habe das Gefühl, ich sitze in einer luftdichten Blase, und alles um mich herum kommt nicht an mich heran. Ich höre alles nur aus weiter Ferne. Der charismatische Professor re-

det auf mich ein. Erklärt genau, was ich habe. Wie ich damit umgehen kann und seiner Meinung nach sollte. Und auch, was er mir alles zutraut. Ich sei stark. Inzwischen weiß er, wer ich bin, und schmunzelt. Gestern, kurz vor einer nicht ganz schmerzfreien Untersuchung, flüsterte er mir ins Ohr: «Ich habe ihren Roastbeef-Film gesehen und bin begeistert», bevor er zustach. Ich musste selber grinsen. Auch in solchen Zeiten gibt es immer wieder einen Loriot. Leider soll ich auf die Onkologie verlegt werden, was ich sehr traurig finde. Hier, wo ich gerade «wohne», habe ich in langen Nächten meinen Schrecken bearbeitet, versucht, meine Angst und die Dämonen zu bändigen. Hier schaue ich aus dem Fenster auf einen Wald, der bis zum Horizont reicht. Hier sehe ich abends kleine rosa Wölkchen oder erlebe dramatische Gewitter. Mehr als dieses Bett und den Ausblick brauche ich im Moment nicht. Alles andere wäre ein Erlebnis zu viel.

Bei den Untersuchungen hat man festgestellt, dass ich massive Magengeschwüre habe. Wenn es nicht beweisbar wäre, würde ich sagen, da lügt einer ganz schön frech. Seitdem ich alleine lebe, habe ich mir täglich eine gesunde und sehr würzige Pho-Suppe frisch gekocht. Mit Ingwer, Knoblauch, Zwiebeln, Zitrone, Kurkuma, sehr viel frischem Chili, Nudeln und selbst gemachter Brühe. Als Einlage das, was gerade im Kühlschrank war. Fisch, Fleisch, Gemüse. Die einzige große Mahlzeit des Tages, und ich habe sie geliebt und vor allen Dingen zelebriert. Hin und wieder nahm eines meiner Enkelkinder daran teil, meine Suppen kannten sie alle und gehörten zu meiner Fangemeinde.

Magengeschwüre? Diesen Punkt fasse ich nicht. Inzwischen habe ich die Geschwüre mit vielen Medikamenten auskuriert, nebenher auch eine Lungenentzündung kuriert.

Bevor die Chemo anfängt, wird aber nochmals eine Magenspiegelung gemacht. Ich drücke mir selber die Daumen, dass nichts Neues hinzukommt. Und trotzdem sitze ich immer noch in dieser schalldichten Blase fest. Obwohl ich das Prozedere inzwischen verstanden habe.

Meine Tochter Fili wird mit ihrem Mann Andreas für die wahrscheinlich ein halbes Jahr dauernde Chemo zu mir in meine Wohnung ziehen. Die Phasen der Chemo werden unterschiedlich sein. Sie fangen wohl freundlich an, aber werden dann wahrscheinlich die Hölle. Richtig vorstellen kann ich es mir nicht. Ich habe zurzeit keine Schmerzen. Mir geht es so, als sei ich total gesund. Ein bisschen schwächlich vielleicht auf den Beinen, weil ich zu lange im Bett gelegen habe, aber nicht mit dem Gefühl, krank zu sein. Ich habe sogar etwas Gymnastik gemacht und bin zweimal mit meinen Sticks über den Flur gelaufen. Keine Heldentat, aber wenigstens Bewegung. Übrigens aus Schusseligkeit ohne Maske, wofür ich von einem vorbeigehenden Arzt eine Rüge bekam. Aber fassen kann ich dies alles noch gar nicht. Zurzeit befinde ich mich aber auch in einem Raum der Stille, bevor die Rakete ins All geschossen wird. So kommt es mir jedenfalls vor. Die Ruhe vor dem Sturm. Worte wie Überlebenschance rauschen an mir vorbei, ohne eine Wirkung zu hinterlassen. Ich wollte hundert werden, das hat sich wohl erledigt. Aber nur dreiundachtzig, das ist ein bisschen wenig. Und ich hatte und habe noch so viel vor! Dabei weiß man doch, es macht zack, und das Schicksal schlägt zu. Nur war es bislang bei den anderen. Wie dünn das Eis ist, das ist einem nicht so klar, bis es unter den eigenen Füßen bricht. Und trotzdem sitze ich noch in dieser schalldichten Blase. Und hier will ich auch nicht raus. Ich brauche noch diese Gnadenfrist.

23. Mai, Sonntag

Jetzt auch noch eine Blasenentzündung. Aber trotz Feiertag haben die hier schnell reagiert und mir ein Antibiotikum gegeben. Schicke mir mit meiner Schwester ständig kurze E-Mails hin und her. Tut sehr gut. Ein sehr langer, einsamer, stiller Tag. Am Feiertag sind alle unterwegs. Jetzt gilt es üben, üben und üben. Es gibt nur mich – und noch gibt es mich. Und das sollte schon mal viel sein. Dafür bin ich dankbar.

26. Mai, Mittwoch

Jetzt liege ich eine Etage tiefer auf der Onkologie. Krebs. Die Stimmung ist kahl. Der Empfang gleich null. Niemand kam und begrüßte mich. Immerhin auf der entscheidenden Station. Zweimal kamen meckernde Schwestern rein und meinten, warum ich statt mit einem Krankentransport mit einem Patiententaxi aus Bramfeld von dem MRT zurückgekommen sei. Warum wohl? Weil es mir angeboten wurde. Auf den Krankentransporter hätte ich drei Stunden gewartet. Ist das alles mein Problem? Und trotzdem fühle ich mich schuldig, denn der Taxifahrer war sehr nett – im Gegensatz zu den Männern im Krankenwagen. Der eine nahm mir meine Jacke aus der Hand mit den Worten «Die brauchen Sie nicht, im Wagen ist es warm», das bedeutete, ich hatte kein Handy dabei, keine Krankenkarte.
Lange auf einer Liege in einem eiskalten Flur gelegen, bis mir ein freundlicher Mann eine Decke brachte. Die Fahrer erklärten mir, wenn ich laufen und stehen könne, bräuchte ich auch den Krankenwagen nicht. Halbwegs beleidigt.
Ich fühle mich auf dieser Etage nicht wohl.

Die Beruhigungspille, die mir der Fahrer gegen Platzangst im MRT hatte geben sollen, hatte er glatt vergessen. Arsch! Mein Stationsarzt und Professor Rabe kamen runter in die Onkologie und beschwerten sich, ich hätte mich nicht von ihnen verabschiedet. Der Professor, sehr warmherzig, saß auf meiner Bettkante, und wir hielten Hand.

Hier gibt es eher nur Schwestern mit Schnauzbart. Ich will nach Hause. Der maßgebliche Arzt auf dieser neuen Station heißt Hermes. Groß, hager, gebeugt, blass und humorbefreit. «In zwei bis vier Wochen fallen Ihnen die Haare aus. Ich gebe Ihnen einen Perückenschein. Damit Sie sich jetzt schon eine machen lassen können.» Ich sagte ihm, ich mache das mit Tüchern. Die habe seine Oma auch getragen, meinte er.

Wie die Chemo stattfinden soll, wurde heute wohl besprochen. Der erste Schub, so erklärte man mir, umfasse drei Tagen hintereinander jeweils einige Stunden Infusion. Ob hier in diesem furchtbar kahlen Zimmer oder woanders, das weiß ich noch nicht. Letzte Nacht schien die ganze Zeit der Vollmond in mein Bett. Fand keinen Schlaf. Erst gegen Morgen. Wie kriege ich bloß diese Nacht rum?

27. Mai, Donnerstag

Gestern wurde das MRT gemacht, heute kam das Ergebnis: Ein Scheißkerl sitzt auch im Hirn. Einer in der Achsel. Morgen geht die Chemo los. Etwa fünf Stunden die erste Sitzung. Der zweite maßgebliche Arzt hat sich vorgestellt. Er ist sehr sympathisch. Der Arzt Number one hat mir heute aber mein E-Book aktiviert. Geht also doch. Letzte Nacht wachte ich auf und dachte: Jetzt habe ich aber mal so richtig gut und lange geschlafen. War leider nur ein Traum. Denke viel an meine beste Freundin Katrin und wie sie an Pankreas gestorben ist. Ich war fast die ganze Zeit an ihrer Seite und kann heute mehr verstehen. Oh bitte, bitte, bitte, ich würde es so gerne schaffen!

28. Mai, Freitag

Die erste Chemo. Ein Ständer mit vielen Beuteln wird ans Bett gerollt. Da werde ich jetzt für Stunden angeschlossen. Gefesselt. Tala sagt, das ist kein Gift, das ist Medizin, die dir helfen wird. Die ganze Nacht über schien ein übergroßer Vollmond direkt in mein Bett. Die passenden Träume stellten sich haufenweise ein. Die Schwestern sprachen über diesen ungewöhnlichen Mond.
Über vier Stunden Chemo. Nichts gemerkt.

30. Mai, Sonntag

Heute entscheidet sich, ob ich für drei Wochen nach dem ersten Chemo-Zyklus nach Hause darf. Also ob und wie das schon angeschlagen hat. Ich versuche, alles gelassen und ruhig über mich hinwegplätschern zu lassen. Ist es so, ist es so. Wenn nicht, ist es eben anders. Liege ich, früher als geplant, in der anderen Situation, ich nenne es mal so, dann spüre ich eh nichts mehr. Es lohnt sich nicht und bringt auch nichts, sich aufzuregen.
Draußen scheint eine wunderbare Sonne. Fast täglich waren meine Kinder da, und es gab gute, aufbauende Gespräche. Sogar schon Pläne bezüglich meines YouTube-Kanals. Ich will meine Krankheit offen kommunizieren, ohne sensationell zu werden. Denn ich glaube, wenn es mir gelingt, auch

etwas humorvoll damit umzugehen, kann ich anderen Mut machen. Wie ich ja dieser Tage sehe, bin ich umgeben von Menschen in einer ähnlichen Situation. Zwei habe ich erlebt, die das sehr positiv angegangen sind. Sie haben das «Ding» genau beim Namen genannt. «Mit Glatze friert man» war ein Ausspruch. Der Verlust der Haare macht fast den größ-ten Schrecken aus. Mal sehen, wie ich damit umgehe.

Vielleicht beruhigt mich der Gedanke etwas, dass keines meiner Kinder und Schwiegerkinder und Enkel allein sein wird, wenn ich abgeflattert bin. Sie haben sich. Ich verstehe jetzt auch immer mehr, warum Roland in der letzten Phase so ruhig und gelassen wirkte. Ja, fast glücklich. Ich hätte nie gedacht, dass ich mich mal auf der Krebsstation einer Lun-genklinik heimisch fühlen würde. Aber es ist so.

Heute beginnt der dritte Zyklus, und ich habe vertraut und freudig mit den Schwestern geklönt. Und sehr privat. Jetzt muss ich allerdings abwarten, ob meine Werte so gut sind, dass ich die Chemo überhaupt bekommen kann. Das ist nie ganz sicher, da habe ich auch schon Enttäuschungen erlebt. Zu wenig Flüssigkeit usw.

Die letzten zwei Wochen war ich mit dem Großteil der Fami-lie in Dänemark gewesen. Wie jedes Jahr. Die angekündigte Müdigkeit zeigte sich nicht, welch ein Glück. Nach dem ers-ten Chemo-Zyklus hatte ich die ganz massiv (am schönsten wäre es, wenn ich diese Therapie gar nicht erst bräuchte). So erlebte ich also zwei Wochen der köstlichsten Feriengefühle und Genüsse fast ohne jegliche Einschränkung.

Auf dem Kopf habe ich einen Turban, und das ist die beste

Lösung. Sieht gut aus, und ich habe Tücher in allen knalligen Farben. Das Gebilde lässt nicht unbedingt auf Haarverlust schließen, könnte auch eine modische Idee sein. Und geht zigmal schneller, als eine Frisur braucht.

Jetzt warte ich sehr gespannt darauf, ob es wohl mit der Chemo klappt oder wieder etwas nicht in Ordnung ist. Alles ist in Ordnung, ich bekomme die Infusion. Direkt danach bin ich vier Stunden lang in den sonnigen Park gegangen.

Januar 2022

Der Anfang meiner Erkrankung liegt jetzt fast ein Dreivierteljahr zurück. Es war im Mai 2021 gewesen, als mir so unendlich schlecht wurde, dass ich meine Kinder zu Hilfe rief. Ich erinnere mich so genau, weil ich an dem Tag einen alten Freund auf Ibiza anrufen wollte, um ihm zum Geburtstag zu gratulieren. Ich schaffte es nur bis zum nächsten Papierkorb. Das Drama nahm seinen Verlauf.

Heute sitze ich an meinem Schreibtisch und schaue auf den Alsterkanal vor meinem Fenster. Draußen ist es bitterkalt, aber eine Ahnung vom kommenden Frühling liegt in der Luft. Auch höre ich gegen Morgen, obwohl es noch dunkel ist, Vogelgezwitscher. Und ich bin noch da. Ich bin sogar noch sehr da. Inzwischen sind meine Haare sehr dicht und lockig nachgewachsen. Ich bin mit meinem neuen Look sehr zufrieden. Ich sehe jetzt aus wie ein frecher Junge. Und mir scheint, auch zehn Jahre jünger. Ich hatte noch nie in meinem Leben eine Kurzhaarfrisur und am Hinterkopf Locken und somit auch nicht geahnt, wie viel leichter das Leben dadurch wird. Kein morgendliches Gebastel mehr mit den langen Haaren. Jetzt trage ich auch keine Wollmützen mehr oder binde mir einen aufwendigen Turban. Obwohl ich mich sehr dran gewöhnt hatte und es als angenehm empfand.

Jeden Morgen halte ich mir die Dusche über den Kopf, rubbele danach mein Haar trocken und streiche mit den Fingern alles glatt. Bingo, fertig. Mir geht es gut. Mir geht es sogar sehr gut. Ich habe nicht das Gefühl, Krebs zu haben oder gehabt zu haben. Ich frage die Ärzte auch nicht nach meinem Zustand, ich will es nicht wissen. Ich gehe nur danach, wie ich mich fühle. Und ich fühle mich stark und gesund. Ich fühle mich großartig. Würde nicht ständig Corona bedrohlich über uns schweben, wäre ich noch viel aktiver. So allerdings schütze ich mich bewusst. Ich möchte keine Krankheit mehr.

Nach dem vierten Therapie-Zyklus wurde ich noch am selben Tag nach Hause geschickt. Jetzt fahre ich alle drei Wochen in die Lungenklinik nach Großhansdorf, um dort mit einer dreißigminütigen Infusion eine Erhaltungstherapie zu bekommen, die den Behandlungserfolg unterstützen soll. Wie lange und wie oft? Ich weiß es nicht und will es auch gar nicht wissen. Alle drei Monate wird ein Kopf-MRT gemacht, und zum Erstaunen des Professors sind die drei Übeltäter in meinem Hirn vollkommen verschwunden. Er spricht von einem kleinen Wunder, ich nenne es groß.

Hiermit möchte ich das Kapitel Krebs jetzt schließen. So lange es mir gewährt wird, genieße ich einen Zustand des Wohlbefindens. Hat es mich verändert? Ich glaube nicht. Nur habe ich ein überwältigendes Gefühl der Dankbarkeit in mir. Dankbarkeit meiner Familie gegenüber. Ohne sie wäre diese schlimme Zeit kaum erträglich gewesen.

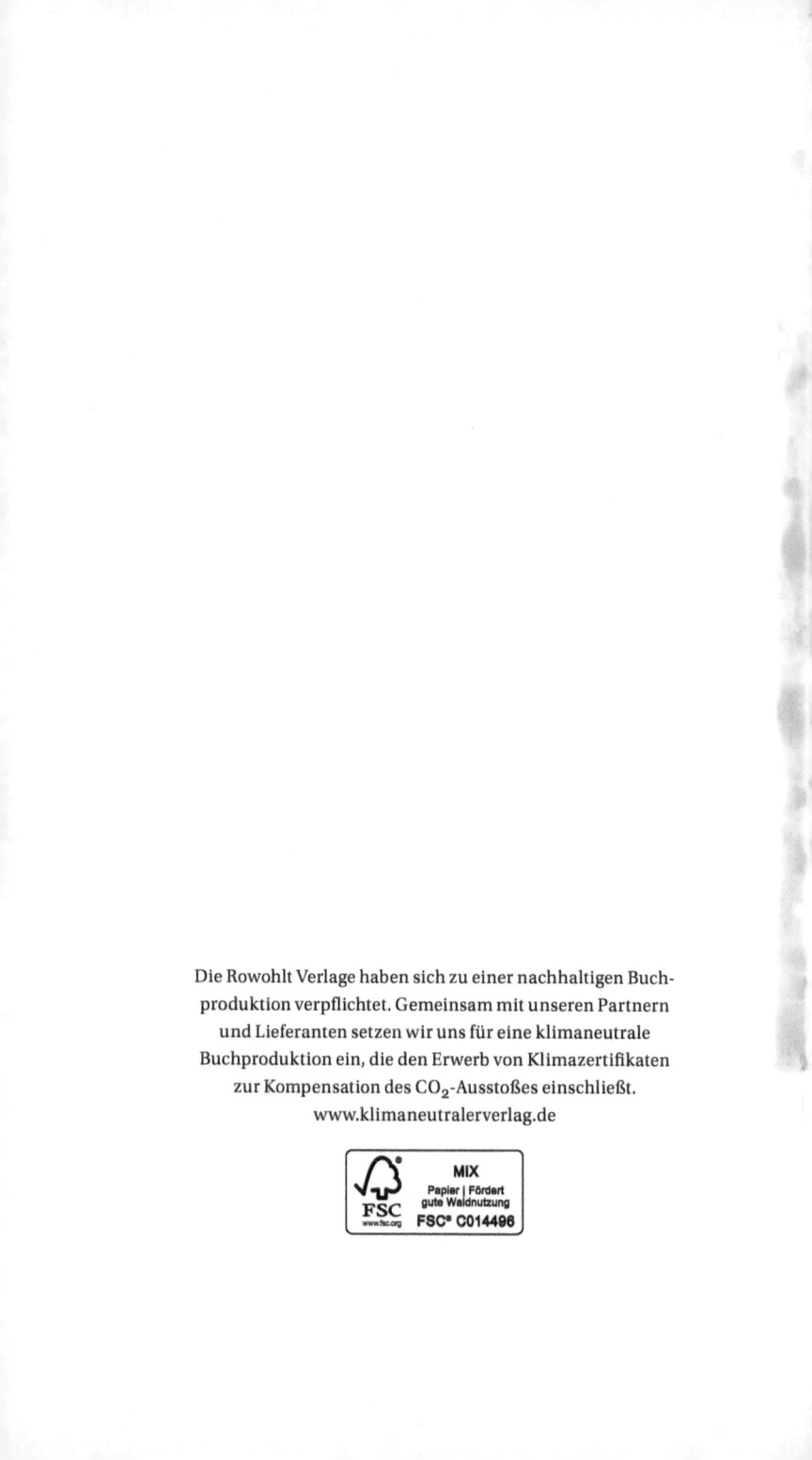